Dieter Herbst

Das professionelle 1x1

Erfolgsfaktor Wissens- management

Cornelsen

Die Deutsche Bibliothek – CIP-Einheitsaufnahme

Ein Titeldatensatz für diese Publikation ist
bei Der Deutschen Bibliothek erhältlich.

Verlagsredaktion: Ralf Boden
Layout und technische Umsetzung: Theo Spangenberg, Neunkirchen
Umschlaggestaltung: Vera Bauer, Berlin
Cartoon S. 116: Jutta Golombek-Boden, Kürten

Cornelsen online http://www.cornelsen.de

1. Auflage ✓   Druck 4 3 2 1   Jahr 03 02 01 2000

Druck: Lengericher Handelsdruckerei, Lengerich/Westfalen

ISBN 3-464-49072-6

Bestellnummer 490726

gedruckt auf säurefreiem Papier,
umweltschonend hergestellt aus chlorfrei gebleichten Faserstoffen

Geleitwort

Wissen erweist sich mehr und mehr als entscheidende Ressource im Wettbewerb der globalen Märkte. Dabei führt erst die systematische Verknüpfung von Information und Wissen aus unterschiedlichen Quellen und Erfahrungsbereichen in einem kreativen Prozess zum Wissen im Sinne des Wissensmanagements. Die Fähigkeit, reine Informationen zu echtem Wissen zu veredeln, wird zur erfolgskritischen Schlüsselkompetenz für Unternehmen in der neuen Informationsgesellschaft.

Wissensmanagement kann verstanden werden als eine Antwort auf die sehr schnell gewachsene Komplexität interner und externer Faktoren, die auf Wirtschaftsunternehmen mit zunehmender Geschwindigkeit einwirken, Veränderung unmittelbar bewirken oder Veränderungsbedarf auslösen.

Wird Wissensmanagement, wie in diesem Buch umfassend dargestellt, kontinuierlich erfolgreich betrieben, so führt die aktive Entwicklung, Pflege und Nutzung des Vermögenswertes Wissen geradezu zwangsläufig zur Entstehung von Kompetenznetzwerken anstelle von Kompetenzinseln, unter denen wiederum – im schlechtesten aller Fälle – der Einzelne in seiner Wissensisolation und Abkapselung die kleinste Insel bildet. Diese Kompetenznetzwerke sind auch wirkungsvolle Elemente der Wissenserhaltung und Wissensgenerierung. Wenn Wissensträger zum Beispiel ein Unternehmen verlassen, kann sich Kompetenz sehr schnell in Nichts auflösen. Als wirkungsvoller Schutz gegen diese Gefahr erweisen sich die eng vernetzten Kompetenzbereiche, Gemeinschaften von Kompetenzträgern, die auch dann lebensfähig bleiben, wenn Einzelne ausscheiden.

Wissensmanagement ist damit ein wesentliches Element strategischer Unternehmensführung heute. Insbesondere in Zeiten der wachsenden Vernetzung zwischen Mensch, Maschine, Unternehmen und Kunden im »elektronischen Geschäft« (Schlagwort: E-Business) gewinnt es seine Bedeutung dadurch, dass Wissen gleichzeitig bindendes Element wie auch den Katalysator der Geschäftsprozesse darstellt.

Es stärkt somit alle Stufen der Wertschöpfung innerhalb und außerhalb des Unternehmens.

Wissensmanagement setzt bei den Menschen Kreativität und Innovationskraft frei. Damit wird der Mensch auf allen Ebenen wieder Mittelpunkt unternehmerischen Handelns.

Der besondere Wert des vorliegenden Buches liegt darin, den Weg zu einem erfolgreichen Wissensmanagement Schritt um Schritt nachvollziehbar darzustellen.

Im April 2000

Dr. Rolf W. Habbel
Sprecher der Geschäftsführung
Booz · Allen & Hamilton Deutschland

Vorwort

Wissen ist eine faszinierende Quelle für den Erfolg eines Unternehmens: Mitarbeiter können Aufgaben besser bearbeiten, Entscheidungen gezielter treffen und neue Ideen schneller in die Tat umsetzen. Mit Wissen können sie Prozesse beschleunigen, Leistungen optimieren und Kosten senken. Wissen ermöglicht ihnen, Angebotslücken im Markt wahrzunehmen und damit neue Märkte zu erschließen.

Das Wissen der Mitarbeiter zielorientiert zu gestalten ist die Aufgabe von WISSENS-MANAGEMENT.

Gewiss: Das Weitergeben von Wissen in einer Firma ist nichts Neues. Schon immer sitzen Mitarbeiter zusammen, sprechen über ihre Arbeit, suchen nach Lösungen für Probleme, halten diese Lösungen in Dokumenten fest und kommunizieren sie über Bibliotheken, Datenbanken und Weiterbildungsabteilungen. Allerdings ist der Umgang mit Wissen in der Regel eher unsystematisch, zufällig und informell, wie eine Studie des FRAUNHOFER-INSTITUTS FÜR PRODUKTIONSANLAGEN UND KONSTRUKTIONSTECHNIK herausfand.

Andere Branchenstudien zeigen, dass in drei von vier Unternehmen nicht klar ist, wer welche Kenntnisse hat; die Unternehmen dokumentieren weder Entscheidungen noch Arbeitsergebnisse. 85 Prozent der Befragten bekennen, dass ihnen Informationen für wichtige Entscheidungen fehlen. Nur zehn Prozent der Mitarbeiter finden es einfach, vorhandenes Wissen im Unternehmen zu nutzen.

Die Folge: Vorhandenes Wissen liegt brach und für Wissen, das über den künftigen Erfolg des Unternehmens entscheidet, fühlt sich niemand verantwortlich. Fehlentscheidungen häufen sich und Geschäftsprozesse laufen langsamer. Die Situation verschärft sich, indem Wissen verloren geht durch häufigen Arbeitsplatzwechsel von Mitarbeitern, Kündigungen und Ruhestandsregelungen.

Höchste Zeit also für PROFESSIONELLES WISSENSMANAGEMENT: Es hat die Aufgabe, Wissen in einem Unternehmen systematisch zu sammeln, zu verbreiten, zu entwickeln und unternehmensweit verfügbar zu halten – heutiges Wissen und jenes, das ein Unternehmen für eine erfolgreiche Zukunft benötigt.

Beratungsgesellschaften wie MCKINSEY oder ARTHUR ANDERSEN haben die Chancen von professionellem Wissensmanagement erkannt: Sie organisieren ihre Fähigkeiten in internen Kompetenzzentren und Interessengruppen, die weltweite Erfahrungen zusammenführen, diskutieren und für die Gesamtorganisation nutzbar machen. Schon in den ersten Tagen lernen neue Mitarbeiter, wie sie sich das gemeinschaftliche Wissen aus der bisherigen Beratungstätigkeit aneignen und nutzen können; sie erfahren, wie sie eigenes Wissen den anderen zugänglich machen, damit jeder auf das benötigte Wissen zugreifen kann. So nutzen sie ihr Wissen besser und sind in der Lage, schneller zu wachsen und profitabler zu arbeiten.

Warum sollen nicht auch andere Firmen vom Wissen ihrer Mitarbeiter profitieren? Ob Computerfirmen, Arzneimittelhersteller, Verlage, Rechtsanwälte und Handwerksbetriebe – Wissen kann in allen Branchen ein entscheidender Erfolgsfaktor im Wettbewerb sein.

Das Gestalten von Wissen im Unternehmen erfordert allerdings auch Ressourcen. Professionelles Wissensmanagement stellt daher fest, wo Wissen benötigt wird, das für die Wertschöpfung des Unternehmens wichtig ist, wie dies beschafft und optimal eingesetzt werden kann. Nur so lassen sich die Vorteile Gewinn bringend nutzen.

Zu diesem Buch

Dieses Buch beschreibt, wie Wissen professionell gestaltet wird. Es versteht Wissensmanagement als zukunftsorientierte und ganzheitliche Führungsaufgabe, die langfristig und systematisch gelöst werden kann, ohne unbedingt viel Geld kosten zu müssen. Wichtig ist vor allem die Überzeugung, dass gezieltes Gestalten von Wissen wichtig ist.

Teil A stellt das Konzept des Wissensmanagements vor, Teil B erläutert die Einzelschritte und Maßnahmen. Teil C schildert Erfahrungen mit der Umsetzung von Wissensmanagement. Der Serviceteil D enthält Checklisten, Adressen und Literaturhinweise zum Thema.

Das Buch kann lediglich einen Überblick über den Gestaltungsprozess von Wissen geben, die Beschreibung jedes Einzelschrittes könnte ein eigenes Buch füllen. Im Serviceteil finden Sie deshalb viele Hinweise auf weiterführende und vertiefende Literatur.

Ein Hinweis: Dieses Buch enthält an einigen Stellen englische Fachbegriffe. Diese meide ich gewöhnlich zu Gunsten einer besseren Verständlichkeit. Im Wissensmanagement gibt es jedoch viele Begriffe aus der englischen Sprache, die sich mittlerweile in der Diskussion gefestigt haben; ich habe sie daher hin und wieder verwendet und durch die deutschen Begriffe ergänzt.

Ich widme dieses Buch meiner Frau Emilija. Ich danke Hermann Grünert und Susanne Wischnewski für ihre Unterstützung. Ich bedanke mich sehr herzlich bei André Schmitz für seine Fürsorge.

Berlin, im März 2000   *Dieter Herbst*

Inhaltsverzeichnis

Der Autor

Prof. Dr. Dieter Herbst, geb. 1960, ist verantwortlich für Grundsatzfragen in der Unternehmenskommunikation von SCHERING in Berlin. Schwerpunkt seiner Tätigkeit ist die Beratung von Führungskräften und internationale Projektarbeit. Außerdem ist er Gastprofessor für Gesellschafts- und Wirtschaftskommunikation an der Hochschule der Künste Berlin. Er ist Autor der Bücher »Public Relations«, »Corporate Identity«, »Krisen meistern durch PR« und »Interne Kommunikation«. Seine Homepage: *http://www.dieter-herbst.de* und *http://www.2source1.net.*

TEIL A DAS KONZEPT

Wissensmanagement ist ein Führungskonzept, mit dem ein Unternehmen sein Wissen bewusst aktiv und systematisch gestaltet. In diesem kontinuierlichen Prozess entwickelt es seine Wissensbasis aus individuellem und kollektivem Wissen so, dass sie langfristig zum Erreichen der Firmenziele beiträgt. Um diesen Prozess und seine Anforderungen besser zu verstehen, ist es zunächst erforderlich, den Begriff »Wissen« zu erklären.

Wissensmanagement ist ein Führungskonzept

1 WISSEN

»Wissen« – dazu fällt jedem etwas ein. Und genau das ist das Problem: Es gibt zahllose Beschreibungen, die meist irgendetwas mit »Information«, »Fähigkeiten« und »Kenntnissen« zu tun haben. Hier eine Definition:

WISSEN BEZEICHNET DAS NETZ AUS KENNTNISSEN, FÄHIGKEITEN UND FERTIGKEITEN, DIE JEMAND ZUM LÖSEN EINER AUFGABE EINSETZT.

Wissen entsteht durch Vernetzen

In einem Prozess wählt der Mitarbeiter Informationen aus, die er vor seinem persönlichen Hintergrund bewertet, verbindet und transformiert, um ein Ziel zu erreichen. Wissensexperte Klaus North sagt: »*Wissen entsteht als Ergebnis der Verarbeitung von Informationen durch das Bewusstsein.*«

Das Vernetzen von Informationen ist individuell

WISSEN IST EIN PROZESS UND KEIN ZUSTAND.

Ob und wie die Informationen vernetzt werden, ist von der Person und deren Sozialisation, Lernprozessen, Erfahrung und Kulturkreis abhängig. Wissen ist also an seinen Träger gebunden – im Gegensatz zu Informationen.

Wissen ist an Träger gebunden

Das Wissen ist mehr als die Summe seiner Teile

Auch ein Unternehmen verfügt über Wissen. Träger sind die Mitarbeiter: Mit ihren Einsichten, Erfahrungen und bewähr-

Auch eine Organisation verfügt über Wissen

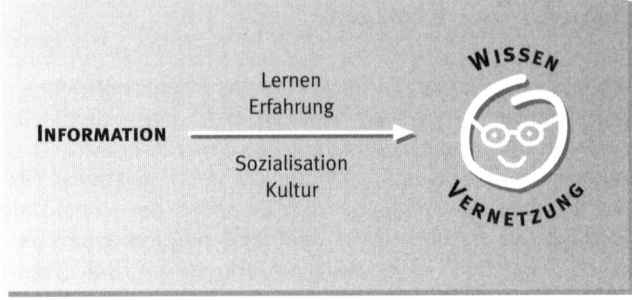

Abb. 1.1: Aus Informationen kann Wissen entstehen

*Das Unternehmens-
wissen ist mehr als
die bloße Summe des
Einzelwissens der
Mitarbeiter*

tem Handeln erkennen sie auftretende Probleme und entwickeln gezielt Lösungen. Das Unternehmenswissen ist dabei mehr als die Summe des Einzelwissens: Indem die Mitarbeiter ihr Wissen zusammenbringen, neu vernetzen, ungewöhnliche Entscheidungen ableiten, kann völlig neues, zusätzliches Wissen entstehen. Dies kann ein Unternehmen als einzigartigen Vorteil nutzen und ausbauen.

JEDES UNTERNEHMEN HAT SEIN EIGENES WISSEN.

Das Prinzip Vernetzen beantwortet wichtige Fragen

*Die spezifische Art der
Vernetzung erklärt
Unterschiede im Wissen*

Das Prinzip des Bewertens und Vernetzens beantwortet viele Fragen: Es erklärt,

• warum zwei Menschen trotz gleicher Informationen zu unterschiedlichen Entscheidungen kommen können: Sie bewerten und kombinieren die Informationen unterschiedlich;

• warum trotz gleicher Informationen neues Wissen entstehen kann: Die Informationen werden anders vernetzt;

• warum das Weitergeben von Wissen häufig persönlich erfolgen muss: Jemand muss erklären, durch welche spezielle Bewertung und Vernetzung er zu einem bestimmten Wissen gelangt ist;

• warum jemand bestimmtes Wissen nicht hat: Er verfügt nicht über die geeigneten Informationen, die er vernetzen kann;

- warum jemand keine Informationen aufnimmt: Er bewertet sie als nutzlos, weil er weiß, dass er sie nicht zweckorientiert einsetzen kann;

- warum es Unternehmen immer wieder gelingt, besser und schneller zu sein als die Konkurrenz, obwohl sie in die gleichen Rahmenbedingungen eingebunden sind (Maschinen, Computer etc.): Es gelingt diesen Unternehmen, den Prozess der Wissensentstehung erfolgreich(er) zu gestalten;

- warum eine Firma trotz hervorragend qualifizierter Mitarbeiter nicht »schlauer« ist als andere Unternehmen: Die Firma weiß ihr Mitarbeiterpotenzial nicht zu nutzen.

Wie Wissen zum Handeln wird

Wissen erhält Wert, indem es zweckorientiert eingesetzt wird. Diese Handlungsorientierung ist es, die Wissen so wertvoll macht: *»Wissen sind Informationen mit Wert; es führt zu Entscheidungen und Handlungen. Unternehmenswissen ist gesammeltes Wissen mit Wert für das Unternehmen; es führt zu Unternehmensentscheidungen und -handlungen.«* (Arthur Andersen, Management-Beratung)

Wissen wird wertvoll, indem es zweckorientiert eingesetzt wird

Diese Transformation von Wissen in Handlungen vollzieht sich in Schritten: Als Ergebnis von Wissen entsteht Können. Wird Können tatsächlich angewendet, entsteht Kompetenz. Noch einmal Klaus North: *»Die Kompetenz, Wissen zweckorientiert in Handlungen umzusetzen, unterscheidet den Lehrling vom Meister, den Geigenschüler vom Virtuosen, die erfolgreiche Sportmannschaft vom brillanten Einzelspieler.«* Man könnte auch sagen: Wenn jemand weiß, wie man ein Fahrrad fährt, gibt das noch keinen Aufschluss darüber, dass er auch Fahrrad fahren kann und wie gut er es kann.

Aus Wissen wird Kompetenz

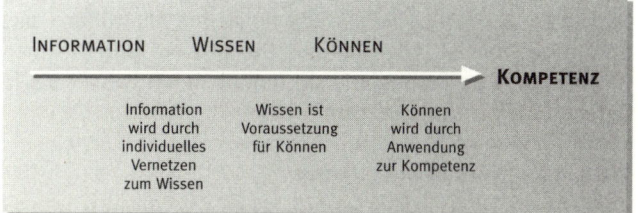

Abb. 1.2: *Von der Information zur Kompetenz*

1.1 Aufbau und Abbau von Wissen

Wissen ist zielorientiert

Wissen, Probleme und Lösungen hängen eng zusammen: Will ein Mitarbeiter ein Ziel erreichen, kann ein Problem dadurch entstehen, dass ihm erforderliches Wissen fehlt. Kann er sich dieses fehlende Wissen aneignen, kann er sein Problem lösen. Das Aneignen von Wissen heißt »Lernen« (siehe ausführlich Teil B, Kapitel 2.1).

> *DAS AUFBAUEN VON WISSEN HEISST LERNEN, DAS ABBAUEN HEISST VERLERNEN.*

Menschen, Gruppen und Organisationen können lernen

Lernen kann Einzelne, Gruppen und sogar das gesamte Unternehmen betreffen:

- Ein Mitarbeiter schließt seine Wissenslücken durch das Sammeln von Erfahrungen im Arbeitsalltag und durch Weiterbildung. Er kann einen Kollegen fragen und von dessen Wissen profitieren. Er vernetzt Informationen neu, trifft andere Entscheidungen und prüft sie in der Praxis.

- Sein Wissen kann er weitergeben, damit auch andere die beabsichtigten Handlungen ausführen können – seine Kollegen müssen lernen. Beide können ihr Wissen kombinieren, um zu einer völlig neuen Lösung zu gelangen.

- Es gibt Wissen, das die gesamte Organisation benötigt, wie zum Beispiel gemeinsame Verhaltensregeln, die jeder anwenden muss. Deshalb muss auch die gesamte Organisation lernen.

Erfahrungen sind wichtiger Teil von Wissen

Durch das Lösen von Problemen steigt der Wissensstand – ein Problem dürfte nicht ein weiteres Mal auftreten, außer, die Lösung wurde verlernt oder vergessen. Im Lauf der Jahre findet ein Mitarbeiter an seiner Maschine die beste Lösung und er kann deutlich mehr Teile herstellen als früher – aus Erfahrung weiß er, wie dies funktioniert; ein Unternehmen hat Prozesse perfektioniert, sie funktionieren besser als in jedem anderen Unternehmen.

Wissen kann leben und sterben

Es kann sein, dass eine Aktion nicht wie erwartet eintritt oder eine Aufgabe nicht länger wie bisher gelöst werden kann. Gerade durch die gravierenden und dynamischen Veränderungen der Märkte und des Umfeldes können die meisten Firmen durch ihr gewohntes bisheriges Verhalten nicht mehr am Markt erfolgreich sein – sie müssen ihr Wissen prüfen, ändern und neue Entscheidungen ableiten. Lernen wird zur Daueraufgabe von Unternehmen und seinen Mitarbeitern.

Lernen wird zur Daueraufgabe eines Unternehmens

Dass es sich hierbei um einen lebendigen Prozess handelt und nicht um einen Zustand, zeigt der »Lebenslauf von Wissen«: Neues Wissen entsteht, es wächst, reift, verliert an Wert, zerfällt und stirbt ab, weil Entwicklungen voranschreiten und altes Wissen ablösen. Ein Unternehmen muss altes Wissen loslassen können, denn sonst hortet es nutzloses Wissen, das die Entwicklung des Unternehmens bremst. Je besser es Mitarbeitern und Unternehmen gelingt, sich durch schnelles Lernen an neue Situationen anzupassen, desto schneller können sie neue Aufgaben lösen und neue Herausforderungen meistern.

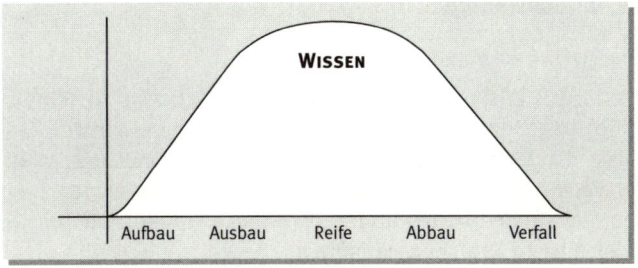

Abb. 1.3: *Wissen hat einen Lebenszyklus*

1.2 Eigenschaften von Wissen

Wissen lässt sich durch viele Eigenschaften beschreiben. Dies hängt davon ab, wer Wissen verwendet, wie bedeutend es ist, wer auf es zugreifen kann, wer es besitzt und was es beinhaltet. Folgende Beschreibung soll helfen, sich über Eigenschaften von Wissen im eigenen Unternehmen klar zu werden, um es gezielter gestalten zu können:

Es gibt viele Arten von Wissen

KERNWISSEN UND RANDWISSEN

Kernwissen ist jenes Wissen, auf das ein Unternehmen seine Leistungen gründet. Kernwissen für eine Backfabrik sind Re-

Stabiler Kern und flexibler Rand

zepte für Kuchen und Torten, Kernwissen für einen Kaffee-röster ist die Gefriertrocknung. Ein klassisches Beispiel ist McDONALDS', dessen Gründer Ray Kroc 1955 das Rezept zum Erstellen von Burgern, Pommes und Milchshakes auf 15 Seiten beschrieben hat.

In der Pharmaindustrie ist das Kernwissen durch Patente 20 Jahre lang geschützt, um das aufwändige Entwickeln von Wissen mit einem Wettbewerbsvorsprung zu belohnen. Dagegen erlebt die Computerindustrie in den letzten Jahren bereits den vierten oder fünften Technologiesprung – kaum eines der Produkte ist älter als drei Jahre. Überlebenswichtig ist für sie der Austausch im Unternehmen und mit Marktpartnern, damit Kernwissen aktualisiert und nicht an den Wünschen des Marktes vorbei entwickelt wird.

Randwissen unterstützt das Entstehen und Gestalten von Kernwissen: So beschleunigt die Informationstechnologie in einem forschenden Unternehmen das Finden und Entwickeln neuer Substanzen.

IMPLIZITES UND EXPLIZITES WISSEN

Wissen im Kopf und in der Datenbank

Implizites Wissen ist jenes, das ein Mensch zwar in seinem Kopf trägt, das sich sprachlich aber nur schwer ausdrücken lässt: Ein Bäcker hat im Lauf der Jahre gelernt, welche Zutaten er verwendet und wie viel davon, er weiß, wie er den Teig herstellen, bearbeiten und backen muss, damit seine unvergleichlichen Brötchen entstehen.

Implizites Wissen Einzelner muss allen verfügbar gemacht werden

Schwierig wird es dann, wenn er dieses Wissen erklären soll, zum Beispiel, warum etwas auf eine bestimmte Art am besten funktioniert. Doch gerade dieses implizite Wissen muss er weitergeben, sonst geht es verloren. Und dies kann dramatische Folgen haben: So ist gerade im Mittelstand die Managementkompetenz vor allem an den Unternehmer (und sein implizites Wissen) gebunden. Mit seinem Ausscheiden schwindet oft auch der Unternehmenserfolg, weil er sein Wissen nicht weitergegeben hat. Ein Unternehmen muss das wichtige implizite Wissen in explizites (zugängliches) Wissen verwandeln, um das Schicksal des Unternehmens vom Wechsel an der Spitze unabhängig zu machen – Wissen muss auch dann verfügbar sein, wenn ein Mitarbeiter das Unternehmen verlassen hat.

Explizites Wissen ist also vom Wissensträger unabhängig, bewusst, sprachlich verfügbar und lässt sich dokumentieren – auf Datenträgern, in Konstruktionszeichnungen, Arbeitsanweisungen, Produktbeschreibungen, wissenschaftlichen Formeln und Computerprogrammen. Es kann transportiert und anderen Personen zugänglich gemacht werden, zum Beispiel durch einen dokumentierten Erfahrungsbericht. Explizites Wissen kann zu neuem Wissen kombiniert und durch Anwenden verinnerlicht werden.

Explizites Wissen ist vom individuellen Wissensträger unabhängig

INDIVIDUELLES UND KOLLEKTIVES WISSEN

Individuelles Wissen bezieht sich auf eine Einzelperson: Zum Beispiel kann nur ein bestimmter Mitarbeiter eine Aufgabe lösen, weil nur er die notwendigen Informationen und Erfahrungen hat (»Bombenentschärfer«). Kollektives Wissen teilen sich dagegen mehrere Menschen, wie etwa im Fall von ungeschriebenen Verhaltensregeln.

Von einer Person oder einer Gruppe getragen

Wo nötig und sinnvoll, sollte individuelles Wissen in kollektives Wissen verwandelt werden, damit die Gemeinschaft es nutzen und neues Wissen entwickeln kann.

WISSEN UM DAS WARUM, WAS UND WIE

Es gibt Wissen davon, warum man etwas tut, was man tut und wie man es richtig tut. Beispiel: Weiß ein Unternehmen,

Gewusst, warum, und gewusst, wie

- welchen Nutzen es seinen Kunden bieten will, zum Beispiel Mobilität, Sicherheit, Komfort (»know why«)?
- was es dafür herstellen muss, zum Beispiel sichere Autos und bequeme Sitze (»know what«)?
- wie es dies realisiert, zum Beispiel durch einen Airbag, stabiles Material und gepolsterte Sitze (»know how«)?

Alle drei Arten von Wissen sind erforderlich, damit ein Unternehmen erfolgreich sein kann. Ein Unternehmen sollte wissen, was es wissen sollte und wie es über dieses Wissen optimal verfügen kann (siehe auch Kapitel 5.5.1).

INTERNES UND EXTERNES WISSEN

Wissen findet sich intern in einer Abteilung und extern, z. B. bei Experten, Beratern, Kunden, Lieferanten, Wettbewerbern, Verbänden, Universitäten und Forschungseinrichtungen.

Eigenes Wissen oder fremdes

Ein Unternehmen muss prüfen, ob es Wissen intern aufbaut oder extern erwirbt

Internes Wissen kann nach außen gelangen, zum Beispiel durch Gespräche von Mitarbeitern mit Außenstehenden; externes Wissen kann in das Unternehmen gelangen, zum Beispiel durch Marktforschung. Ein Unternehmen muss prüfen, ob es Wissen intern aufbaut und gestaltet oder aus externen Quellen erwirbt (siehe Teil C, Kapitel 5.5.2).

AKTUELLES UND KÜNFTIGES WISSEN

Wissen heute und morgen

Aktuelles Wissen ist gerade vorhanden, künftiges Wissen muss erst entwickelt werden, um Erfolgspotenziale zu erschließen und am Markt langfristig wettbewerbsfähig zu bleiben.

Welches Wissen wird aufgebaut, welches wird gehalten und welches abgebaut? (siehe Kapitel 5.4)

ES GIBT NOCH VIELE MERKMALE ...

Wissen hat viele Merkmale

Welche Eigenschaften wichtig für ein Unternehmen sind, muss es selbst herausfinden. Eine Unterscheidung hilft, mögliche Probleme aufzudecken, zum Beispiel, wenn implizites Wissen in explizites verwandelt werden muss.

WEITERE MERKMALE VON WISSEN

Handelt es sich um

- bewahrtes oder neu gewonnenes Wissen?
- formelles oder informelles Wissen?
- herrschendes Wissen oder Minderheitswissen?
- persönliches oder öffentliches Wissen?
- speicherungswertes oder nicht-speicherungswertes Wissen?
- autorisiertes (also für einen Austausch freigegebenes) oder nicht autorisiertes Wissen?

Abb. 1.4: Weitere Merkmale von Wissen

1.3 Bedeutung von Wissen

Nicht-materielle Erfolgsfaktoren werden immer wichtiger

Was bedeutet Wissen heute für ein Unternehmen? Immer stärker wird deutlich, dass es neben dem Anlage- und Umlaufvermögen bisher wenig beachtete nicht-materielle Erfolgsfaktoren gibt, die den Wert eines Unternehmens steigern. So werden SAP und MICROSOFT an der Börse mit dem Zehnfachen ihres Buchwertes taxiert. Nach umfassenden Untersuchungen der INSEAD-Business School werden bei Top-Unternehmen im Schnitt rund 40 Prozent des Aktienwertes durch nicht-materielle Faktoren bestimmt: Image, soziale Kompetenz, intellektuelles Kapital (Lernfähigkeit und Wissensmanagement).

Bei Top-Unternehmen bestimmen sich bis zu 40 Prozent des Aktienwertes durch nicht-materielle Faktoren

ERHÖHUNG DER BÖRSENKAPITALISIERUNG
Zusammensetzung des Unternehmenswertes in %
(gemessen an der Börsenkapitalisierung)

	IMMATERIELLER WERT	BUCHWERT
Nicht-Markenartikel-Hersteller	68	32
Nestlé	81	19
Beiersdorf	87	13
Adidas	87	13
Coca-Cola	95	5
Microsoft	96	4

Quelle: Datastream, McKinsey-Research 1999

Abb. 1.5: Der Marktwert übersteigt häufig den Buchwert

Diese Firmen nutzen ihre Kenntnisse und Fähigkeiten besser als die Konkurrenz. Sie verfügen über Methoden, Systeme und Prozesse, um ihr Wissen kontinuierlich zu entwickeln und schneller dorthin zu bringen, wo es gebraucht wird. Sie sorgen dafür, dass ihre Mitarbeiter schnell und mühelos von den Erfahrungen der anderen Abteilungen profitieren, um zielstrebiger zu handeln. Sie entwickeln vorhandenes Wissen optimal weiter und setzen es in neue Produkte um. Ihr intellektuelles Kapital nimmt ständig zu und der Wissensvorsprung macht ihre Unternehmen leistungsfähiger – in Forschung und Entwicklung, Konstruktion, Fertigung, Instandhaltung, Entwicklung und Vertrieb. Hier einige Beispiele:

1.3.1 Wissen ist wertvoll und schafft Wert

Weiß ein Unternehmen seine vorhandenen Produkte zu optimieren, kann es Wettbewerbsvorteile ausbauen und dauerhaft sichern: Die LUFTHANSA fragte Reisende, was sie dazu bewegen würde, die bevorzugte Airline zu wechseln. Ergeb-

Optimierte Leistungen stellen Kunden zufrieden

nis: Besserer Service stand mit fast 25 Prozent an erster Stelle; weitere Wünsche waren Pünktlichkeit, billigere Tarife, gute Verbindungen, freundlichere Bordcrew, besseres Catering. Werden diese Wünsche und Erwartungen gezielt befriedigt, werden es die Kunden belohnen.

Neue Produkte bringen dauerhafte Wettbewerbsvorteile

Weiß eine Firma neue Produkte auf unverwechselbare Weise herzustellen, zu bearbeiten oder zu verkaufen, kann sie leicht Ihrer Konkurrenz eine Nasenlänge voraus sein – häufig eine goldene Nasenlänge!

»SETZEN WIR UNSER WISSEN FÜR NEUE, NOCH UNBEKANNTE LÖSUNGEN EIN, NENNEN WIR ES INNOVATION.«
(Management-Papst Peter Drucker)

WISSENSTRANSFER

Märkte \ Technologien	Kleben	Schleifen	Mech. Verbinden	Membrane	Beschichten	Schwingungsdämpfen	Fasern	Folien	Keramik
Verkehrssicherheit	●	●	●		●	●	●	●	●
Haushalt und Freizeit	●	●	●	●	●		●		
Büro	●		●		●		●	●	
Industrie	●	●	●	●	●	●	●	●	●
Medizin	●	●	●	●	●		●	●	

Abb. 1.6: *3M überträgt Kompetenzen auf andere Bereiche*

Klebespezialist 3M setzt auf neue Produkte

Klebespezialist 3M ist hierin Meister: 30 Prozent seines Umsatzes sollen mit Produkten erzielt werden, die jünger als vier Jahre sind. 3M erreicht dies durch

1. Entwickeln neuer Technologien, wie das Ersetzen von Daunen durch Kunststoff,

2. wesentliche Veränderung der Produkte, wie zum Beispiel Klebstoff ohne Lösungsmittel,

3. stark veränderte Anwendungsmethoden, wie zum Beispiel das Kleben von Wunden statt Nähen,

4. völlig neue Aufgabenlösungen, wie zum Beispiel durch die Klebenotizen POST-IT.

Unternehmen können das individuelle und kollektive Wissen der Mitarbeiter nutzen, um schwer nachzuahmende Prozesse und Produkte zu finden und kontinuierlich zu entwickeln.

Weiß ein Unternehmen seine Prozesse der Entwicklung und Vermarktung von Leistungen zu optimieren, kann es seine Floprate senken. Diese liegt in manchen Branchen schon bei 60–80 Prozent, das bedeutet, dass Neueinführungen schon innerhalb der ersten beiden Jahre wieder vom Markt verschwinden. Bedenkt man, dass manche Innovationen einen Kostenaufwand in zwei- und sogar dreistelliger Millionenhöhe verursachen, wird der entstandene Schaden deutlich. Hier kann Wissen helfen, die Entwicklungsqualität zu erhöhen, die Kundenorientierung zu sichern und die Entwicklungszeit zu verringern. Der Nutzen liegt auf der Hand: Schnellere Entwicklungszeit = höheres Ergebnis. Verlängert sich dagegen die Entwicklungszeit eines Produktes um sechs Monate, führt dies durchschnittlich zu einer Ergebniseinbuße von 30 Prozent.

Wissen bannt Innovationsrisiken

Voraussetzung für eine optimale Nutzung von Wissen ist allerdings der systematische Austausch zwischen den Beteiligten, zum Beispiel zwischen Kunden, Kooperationspartnern und Lieferanten mit Unternehmensvertretern wie Außendienstmitarbeitern, Verkaufsberatern, Vertretern aus Forschung und Entwicklung und Marketing.

Wissen zu nutzen setzt Teilen voraus

Kunden erwarten mehr denn je praktische Hilfe, umfassende Problemlösungen. Nicht das Produkt allein verkauft sich, sondern seine Kombination mit einem Bündel ergänzender Dienstleistungen, die etwa durch Qualifizierung von Mitarbeitern, Warenwirtschaftssysteme oder Logistikkonzepte erstellt werden. Daher müssen Hersteller und Lieferanten, Versorger und Kunden, Produzenten und Vertreiber enger miteinander arbeiten. Dies kann nur in einer Atmosphäre gegenseitigen Vertrauens geschehen (siehe Kapitel 3).

Kunden erwarten nicht nur Produkte, sondern komplette Problemlösungen

Wissen entsteht in einer Atmosphäre gegenseitigen Vertrauens

Anforderungen im Kundenmarkt	Erfolgsfaktoren im Unternehmen
Eingehen auf individuelle Kundenbedürfnisse	Kundenorientierung
Mehrnutzen gegenüber dem Wettbewerb	Alleinstellungsmerkmale
Hohe Leistungsfähigkeit	Hohe Produktivität
Kurzfristige und flexible Leistungserstellung	Hohe Flexibilität
Kontinuierlich verbesserte Leistungen	Kontinuierliche Verbesserungen
Neue Produkte	Produkt- und Prozessinnovationen
Anpassung an permanenten Wandel	Permanente Anpassungsfähigkeit

Fraunhofer-Institut für Arbeitswissenschaft und Organisation, Stuttgart

Abb. 1.7: Anforderungen und Erfolgsfaktoren im Kundenmarkt

1.3.2 Geschätzt – aber nicht genutzt

Wissensmanagement steckt in den Kinderschuhen

Angesichts dieser Bedeutung überrascht ein Blick in die Praxis: Führungskräfte nutzen das vorhandene Wissen über Märkte, Kunden, Ablaufprozesse oder Innovationen nur wenig: Eine Hälfte schöpft nur 20 bis 40 Prozent aus, die andere Hälfte 60 bis 80 Prozent.

VIELE UNTERNEHMEN NUTZEN NICHT EINMAL DIE HÄLFTE IHRES VORHANDENEN WISSENS.

Kaum ein Unternehmen beschäftigt einen Wissensmanager

Kaum ein Unternehmen beschäftigt einen Wissensmanager, es fehlen klar definierte Managementrollen und Organisationsstrukturen zum besseren Management von Wissen, es fehlt eine gemeinsame »Wissenssprache«.

Die Management-Beratung ARTHUR ANDERSEN hat Firmen nach dem Stand der Umsetzung von Wissensmanagement befragt. Ergebnis: Die Bedeutung von strategischem Wissensmanagement scheint zwar unbestritten, die Umsetzung hinkt allerdings weiter hinterher. Damit ist eine der wichtigsten Ressourcen eines Unternehmens und der Rohstoff seiner Zukunft ungenutzt. Das zeigt auch der internationale Vergleich: Erst an 18. Stelle findet sich eine deutsche Firma: SIEMENS; im europäischen Vergleich belegt sie Rang 3.

Laut einer Studie des EDV-Analysten IDC gehen den 500 größten Unternehmen der Welt jährlich 24 Mrd. Dollar verloren, weil sie Wissen nicht oder nicht richtig nutzen. In drei bis vier Jahren soll dieser Verlust auf 31 Mrd. Dollar wachsen.

Wunsch	Wirklichkeit
80 Prozent sagen, Wissensmanagement sollte zentrales Element der Organisationsstrategie sein.	15 Prozent sagen, Wissensmanagement wird auf einer strategischen Ebene betrieben.
70 Prozent sagen, der Besitz von Wissen beschleunigt das Wachstum von Umsatz und Kernkompetenzen.	20 Prozent sagen, Wissen wird bei Einstellungen, Beurteilungen und Entlohnung berücksichtigt.

Beratungsgesellschaft ARTHUR ANDERSEN

Abb. 1.8: Untersuchung zum Stand der Umsetzung von Wissensmanagement

Die geringe Beachtung von Wissen erstaunt umso mehr, als die gleichen Unternehmen angeben, dass der Produktionsfaktor Wissen bis 80 Prozent zur gesamten Wertschöpfung beiträgt – wie die Studie des MÜNCHENER INTERNATIONALEN INSTITUTS FÜR LERNENDE ORGANISATION UND INNOVATION (ILOI) herausfand.

Die Bedeutung von Wissen wird weiter zunehmen

80 Prozent der Führungskräfte in Unternehmen gehen davon aus, dass Wissen künftig noch bedeutender wird. Laut einer britischen Studie sind fast 90 Prozent der befragten europäischen Topmanager der Ansicht, dass Wissen künftig ein entscheidender Wettbewerbsfaktor sein wird. Einer anderen Studie zufolge arbeiten im Jahr 2000 bereits 85 Prozent der Arbeitnehmer in den USA und rund 80 Prozent aller Be-

Ein zunehmender Anteil von Arbeitsplätzen wird wissensintensiv

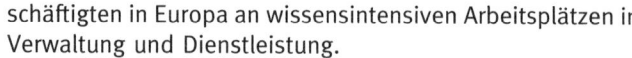

schäftigten in Europa an wissensintensiven Arbeitsplätzen in Verwaltung und Dienstleistung.

Der Wissensfluss trocknet häufig aus

Viele Faktoren ver-
hindern das Nutzen
von Wissen

Warum hinkt das Gestalten von Wissen seiner Bedeutung hinterher? In der Praxis verhindern viele Hürden das Verbreiten und Anwenden (siehe ausführlich Kapitel 5.1):

Wissen bleibt auf
Spezialabteilungen
beschränkt

- Wissen ist kein wichtiger Wert in der Unternehmenskultur; es bestimmt nicht das Handeln der Mitarbeiter. Stattdessen entsteht Wissen in Spezialabteilungen und gelangt kaum über deren Schwellen hinaus.

Wissen wird nicht
systematisch gestaltet

- Weil Wissen keinen Wert für das Unternehmen darstellt, wird auch keine Zeit in dessen systematisches Gestalten investiert. Zeitdruck wird als häufigste Ursache für fehlendes Engagement genannt.

- Bürokratische Strukturen, eine aufgeblähte Hierarchie, Arbeitstätigkeiten, die nur aus einigen Handgriffen bestehen, und Fremdkontrolle verhindern, dass Wissen entsteht, verbreitet und angewendet wird.

Herrschaftswissen
wird gehortet

- Vorgesetzte beziehen die Mitarbeiter zu wenig in die Kommunikation ein, weil sie Angst haben, dass diese die Informationen zu Wissen verarbeiten. Und Wissen ist eben immer noch Macht!

- Häufig sehen auch die Mitarbeiter selbst nicht ein, warum sie Wissen teilen sollen. Immerhin kostet sie das Zusammenstellen, Speichern, Verteilen und Aktualisieren von Wissen eine Menge Zeit und Energie, die sie für andere, offensichtlich nützlichere Dinge aufwenden könnten.

Information wird mit
Wissen verwechselt

- Manche Führungskräfte überschütten die Mitarbeiter mit nutzlosen INFORMATIONEN, ohne zu beachten, dass diese hieraus kein WISSEN entwickeln können, um ihre Ziele zu erreichen. Die Mitarbeiter zeigen sich desinteressiert und nutzen Angebote wie Plauderecken im Intranet (firmeneigenes Internet) kaum. Als Reaktion verstärken die Initiatoren solcher Angebote ihren Informationsdruck – das Interesse der Mitarbeiter sinkt weiter – eine endlose Spirale.

Solche Hürden und Blockaden bremsen den Wissensfluss, verwandeln ihn in ein dünnes Rinnsal oder lassen ihn ganz versiegen. Professionelles Wissensmanagement kann ihn wieder in einen breiten Strom verwandeln.

SOLCHE FRAGEN ZEIGEN BEDARF AN WISSENSMANAGEMENT

»Warum sind die nur so viel schneller als wir?«

»Hilfe! Ich werde mit Informationen überschüttet – Zeitschriften, E-Mails, Internet, Datenbanken ...«

»Einen großen Teil der Informationen, die ich für meine Arbeit benötige, bekomme ich nur zufällig oder überhaupt nicht.«

»Was kann ich mit diesen Informationen anfangen?«

»Wer kann mit meinem mühsam erworbenen Wissen etwas anfangen?«

»Wer weiß und hat Erfahrung, wie das funktioniert?«

Abb. 1.9: Indikatoren für den Bedarf an Wissensmanagement

2 WISSENSMANAGEMENT

Welches Wissen braucht eine Firma, um künftig wettbewerbsfähig zu sein? Was kann sie unternehmen, um den Wert von Wissen zu bewahren? Von welchem Wissen muss sie sich trennen, weil es nicht mehr wertvoll ist? Diese Fragen beantwortet professionelles Wissensmanagement.

Systematisches Gestalten von Wissen

2.1 Das Verständnis

• Wissensmanagement ist ein komplexes strategisches Führungskonzept, mit dem ein Unternehmen sein relevantes Wissen ganzheitlich, ziel- und zukunftsorientiert als wertsteigernde Ressource gestaltet. Die Wissensbasis aus individuellem und kollektivem Wissen wird bewusst, aktiv und systematisch entwickelt, sodass sie zum Erreichen der Firmenziele beiträgt.

Wissensmanagement ist ein komplexes strategisches Führungskonzept

WISSENSMANAGEMENT IST EIN MITTEL, UM DIE UNTERNEHMENSZIELE BESSER UND SCHNELLER ERREICHEN ZU KÖNNEN – UND KEIN SELBSTZWECK.

Kein zielloses Streuen
von Informationen
- Das Gestalten von Wissen ist bedarfsgerecht. Unternehmen und Mitarbeiter verfügen im richtigen Umfang am richtigen Ort und zur richtigen Zeit über jenes Wissen, das ihren Aufgaben und Zielen sowie der Situation gerecht wird. Wissensmanagement ist also NICHT das ungeordnete Streuen von Informationen an alle Mitarbeiter, sondern der tätigkeits- und zielorientierte Zugang zu Informationen, damit diese in Wissen transformiert werden können.

ALLE BESITZEN JENES WISSEN, DAS SIE FÜR DAS ERREICHEN IHRER HEUTIGEN UND KÜNFTIGEN ZIELE BENÖTIGEN.

Ganzheitliches
Führungskonzept
- Wissensmanagement durchzieht alle Funktionen und Hierarchiestufen eines Unternehmens entlang der Wertschöpfungskette.

Die Wertschöpfungskette umfasst zum einen primäre Aktivitäten, die unmittelbar mit der Herstellung und dem Vertrieb eines Produktes beziehungsweise einer Dienstleistung verbunden sind (Eingangslogistik, Produktion, Marketing, Vertrieb, Service), und andererseits unterstützende Aktivitäten, mit denen die primären Abläufe vorbereitet, ermöglicht und gesteuert werden (Verwaltung, Finanzen, Personalmanagement, Forschung/Entwicklung, Beschaffung).

Alle Stufen der
Wertschöpfungskette
müssen am Wissen
teilhaben können und
Spezialwissen weiter-
vermitteln
Bisher sind die Unternehmen allerdings meist in Funktionen aufgeteilt, die der Prozesskette vertikal entgegenstehen. So kommt es, dass Informatiker für Aufbau und Pflege der Daten verantwortlich sind, die Ausbildungsabteilung individuelle Fähigkeiten vermittelt, Forschung und Entwicklung für Produktinnovation zuständig sind. Diese Grenzen hemmen das Potenzial, das im gezielten Management des Unternehmenswissens steckt: Für die schnelle, kundenorientierte Produktentwicklung ist eine Verknüpfung der Erfahrungen und Informationen von Produktentwicklern, Marketingfachleuten und Fertigungsspezialisten notwendig. Das Fachwissen wird nicht bloß zusammengetragen, sondern in den gemeinsamen Zusammenhang der Produktentwicklung eingeordnet und bewertet, sodass daraus neues Wissen entsteht (siehe auch Teil B, Kapitel 2).

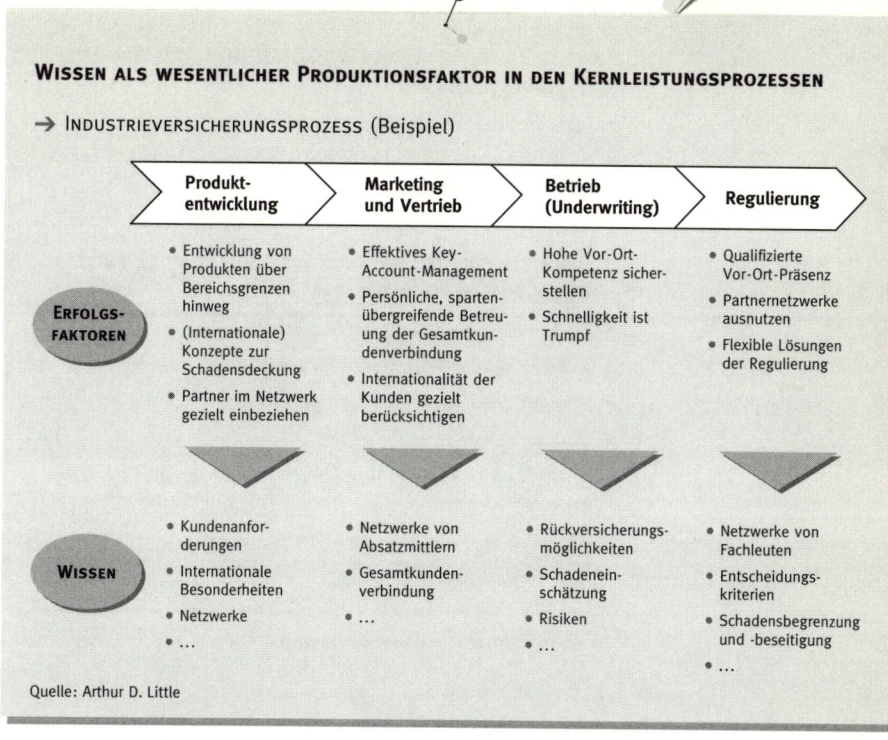

WISSEN ALS WESENTLICHER PRODUKTIONSFAKTOR IN DEN KERNLEISTUNGSPROZESSEN

→ INDUSTRIEVERSICHERUNGSPROZESS (Beispiel)

Produkt-entwicklung	Marketing und Vertrieb	Betrieb (Underwriting)	Regulierung
ERFOLGS-FAKTOREN			
• Entwicklung von Produkten über Bereichsgrenzen hinweg • (Internationale) Konzepte zur Schadensdeckung • Partner im Netzwerk gezielt einbeziehen	• Effektives Key-Account-Management • Persönliche, sparten-übergreifende Betreuung der Gesamtkundenverbindung • Internationalität der Kunden gezielt berücksichtigen	• Hohe Vor-Ort-Kompetenz sicher-stellen • Schnelligkeit ist Trumpf	• Qualifizierte Vor-Ort-Präsenz • Partnernetzwerke ausnutzen • Flexible Lösungen der Regulierung
WISSEN			
• Kundenanforderungen • Internationale Besonderheiten • Netzwerke • ...	• Netzwerke von Absatzmittlern • Gesamtkundenverbindung • ...	• Rückversicherungsmöglichkeiten • Schadeneinschätzung • Risiken • ...	• Netzwerke von Fachleuten • Entscheidungskriterien • Schadensbegrenzung und -beseitigung • ...

Quelle: Arthur D. Little

Abb. 2.1: Wissen entlang der Wertschöpfung am Beispiel der Versicherungswirtschaft

- Wissensmanagement ist eingebettet in andere Managementprozesse, die die Wettbewerbsfähigkeit steigern sollen, wie zum Beispiel das Corporate Identity Management, Business Reengineering und Change Management. Die Prozesse sollen koordiniert ablaufen und sich gegenseitig unterstützen: So sollte in einem Prozess der Formung von Geschäftsprozessen auch das Wissen berücksichtigt werden.

  Wissensmanagement ist eingebettet in andere Managementprozesse

- Wissensmanagement ist der Weg zu dem Ziel, eine lernende Organisation zu sein. Damit beschreibt Peter Senge eine Organisation, *»die wahrhaft ›lernfähig‹ ist, die ihre Fähigkeiten ständig weiterentwickelt, um ihre höchsten Ziele zu verwirklichen.«*

  Ziel ist die lernende Organisation

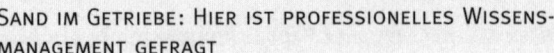

> **SAND IM GETRIEBE: HIER IST PROFESSIONELLES WISSENS-
> MANAGEMENT GEFRAGT**
>
> - Langes Suchen von Wissen bremst den Arbeitsprozess.
> - Sich überschneidende, widersprüchliche Informationen
>   führen zu Fehlentscheidungen.
> - Wissen geht verloren.
> - Das Unternehmen hat zwar Experten, aber es nutzt
>   deren Wissen zu wenig.
> - Notwendiges Wissen ist nur schwer zugänglich.
> - Wissen wird wenig wieder verwendet.
> - Wissen wird nicht effektiv genutzt.
> - Wissen ist nicht transparent.
> - Wissen wird von seinen Trägern nicht an andere Mit-
>   arbeiter weitergegeben, die es für ihre Arbeit dringend
>   benötigen.
> - Die Motivation fehlt, Wissen zu teilen.

Abb. 2.2: Gründe für Wissensmanagement

Ist Wissen gestaltbar oder nicht?

*Experten streiten sich,
ob Wissen gestaltbar ist*

Die Auffassungen gehen in Fachkreisen auseinander, ob sich Wissen in einem Unternehmen gestalten lässt oder ob es unbeeinflusst und spontan entsteht:

*Wissen als formbares
Objekt*

Die einen sehen in Wissen ein Objekt, das sich formen lässt. Wissensmanagement hat hier die Aufgabe, Wissen zu erfassen und beliebig zu gestalten. Diese Sicht allein begrenzt individuelles und subjektiv verarbeitetes Wissen auf objektive Informationen und vernachlässigt, ob und wie Mitarbeiter mit implizitem Wissen umgehen.

*Wissen als sich selbst
organisierendes System*

Die anderen sehen Wissen als System, das sich selbst organisiert und in das – wenn überhaupt – nur begrenzt eingegriffen werden kann. Wissensmanagement hat hier die Aufgabe, Werte, Anreize und eine Atmosphäre zu schaffen, die das Entstehen und Vermitteln von Wissen fördert. Dieses Modell unterschätzt jedoch die Möglichkeiten des gezielten Aufbaus von Wissen durch Lernen, des gezielten Sammelns von Erfahrungen und den systematischen Austausch der Mitarbeiter. Auch fehlt diesen Ansätzen der wirtschaftliche Bezug. Dieser ist aber wichtig, denn die Unternehmensleitung wird nur dann bereit sein, in Wissensmanagement zu investieren, wenn sie den wirtschaftlichen Nutzen sieht.

Unternehmen werden nur dann bereit sein, in Wissensmanagement zu investieren, wenn sie den wirtschaftlichen Nutzen sehen

Angemessen ist eine Kombination der beiden Sichten: Wissen lässt sich weder beliebig gestalten, da es an Mitarbeiter und die jeweiligen Bedingungen im Unternehmen gebunden ist, noch sollte man es seinem Schicksal überlassen:

WISSENSMANAGEMENT IST EIN AKTIVER PROZESS, DER DIE MITARBEITER IN DEN MITTELPUNKT STELLT UND GEEIGNETE RAHMENBEDINGUNGEN SCHAFFT, DAMIT WISSENSPROZESSE KONTINUIERLICH UND ZIELGERICHTET ABLAUFEN.

FIRMEN NENNEN ALS ERGEBNIS VON WISSENSMANAGEMENT
- Kosten-/Zeitersparnis
- Prozessverbesserung
- Transparenz über Strukturen und Prozesse
- Kundenorientierung und -zufriedenheit
- Erleichterung von Entscheidungen
- Verbesserung im Informationsaustausch
- Qualitätssteigerung
- erfolgreiche Marktführerschaft
- Mitarbeiterzufriedenheit und -qualifizierung

Ein professionelles Wissensmanagement zahlt sich aus

Abb. 2.3: Erfolge von Wissensmanagement in der Praxis

Der Griff nach dem Grips erfordert Ressourcen

Die Vorteile von Wissensmanagement dürfen nicht vergessen lassen, dass der Prozess Ressourcen (Zeit, Geld, Personal) erfordert – mindestens so lange bis er selbstständig läuft. Da Ressourcen heutzutage über die Position im Wettbewerb entscheiden, muss ein Unternehmen genau prüfen, welches Wissen an welcher Stelle benötigt, wie dies beschafft und optimal eingesetzt wird:

Wissensmanagement erfordert Ressourcen

*NUR WENN WISSENSMANAGEMENT DEN WERT DES UNTER-
NEHMENS STEIGERT, WIRD DIE UNTERNEHMENSLEITUNG
BEREIT SEIN, DIE RESSOURCEN FÜR WISSENSMANAGEMENT
AUS JENEN BEREICHEN ABZUZIEHEN, DIE NICHT SO VIEL
WERT FÜR DAS UNTERNEHMEN SCHAFFEN.*

2.2 Was neu am Wissensmanagement ist

*Alter Wein in neuen
Schläuchen?*

Die Einzelschritte – Wissen aufzeigen, Informationen erwerben, speichern, verbreiten, nutzen und bewerten – gibt es
schon jetzt in den Unternehmen, und es liegen viele Erfahrungen und Beschreibungen vor. Jedoch:

*Ganzheitlicher, funk-
tionsübergreifender
Managementprozess*

• Unternehmen sorgen nicht ausreichend dafür, dass Wissen
in einem Gesamtprozess unternehmensweit systematisch
erfasst und gestaltet wird (siehe Kapitel 3); der Faktor Wissen ist kaum in der strategischen Unternehmensplanung
verankert.

*Wissens- statt
Informations-
management*

*Wissen muss inter-
pretiert und bewertet
werden, sonst bleibt
es bloße Information*

• In den meisten Unternehmen werden Informationen in Bib-
liotheken und Datenbanken abgelegt und verteilt. Weitgehend unbeachtet ist die INTERPRETATION und BEWERTUNG
durch die Nutzer–Evaluationsprozesse, die aber erst zum
Entstehen von Wissen führen (siehe Kapitel 1). Es fehlt die
Kontrolle über die Anwendung: neues Wissen wird nicht
systematisch erzeugt. Dr. Ellen Walther-Klaus, Leiterin des
Informations- und Kommunikationsmanagements bei SIE-
MENS, meint, dass viele Unternehmen auf der Stufe des
Informationsmanagements stehen geblieben sind. Sie vergleicht den Unterschied zwischen Informations- und Wissensmanagement mit dem Nutzen einer Landkarte einerseits und einem Reiseführer andererseits. Technik sei nur
das Fundament, aber eigentliches Wissensmanagement
brauche Menschen. Und die Fachzeitschrift »Manager-Se-
minare« schreibt im Juli 1997: »Eine Information, die nichts
ändert, ist Ballast. Egal, wie effizient sie verwaltet wird.«

*Die Bewertung
der Nutzer steht
im Mittelpunkt*

• Worauf es auch stärker ankommt: Wissensmanagement
rückt die Mitarbeiter in den Mittelpunkt. Nicht allein die
Informationen zählen, die das Unternehmen bereitstellt,
sondern das, was die Mitarbeiter, Gruppen und Bereiche
für ihre heutigen und künftigen Aufgaben benötigen. Zu

häufig wird sehr aufwändig ein Intranet eingerichtet, das die Mitarbeiter aber kaum nutzen, weil es die eigene Wissensbasis nicht nutzbringend vergrößert. Wissensmanagement wird nur dann erfolgreich sein, wenn es sich nach den Bedürfnissen von Menschen richtet und ihre Arbeitsweisen und die Unternehmenskultur bei der Bewältigung von Problemen berücksichtigt.

Wissensmanagement muss sich nach den Bedürfnissen der Mitarbeiter richten

WENN WISSENSMANAGEMENT FUNKTIONIERT,
- werden Informationen in Wissen transformiert,
- wird Wissen in wertschöpfendes Handeln umgesetzt,
- werden neue Ideen gefördert,
- ist die Informationsbeschaffung strukturiert,
- ist Wissen an der richtigen Stelle verfügbar,
- werden Fehler als Erfahrungsgewinn gesehen,
- wird Wissen durch Erfahrung systematisch entwickelt,
- wird Wissen wieder verwendet,
- sind die Fähigkeiten der Mitarbeiter bekannt,
- liegen Informationen bedarfsgerecht vor,
- steht für das Teilen von Wissen unter den Mitarbeitern ausreichend Zeit zur Verfügung,
- sind einzelne Wissensinseln miteinander verknüpft,
- sind die Mitarbeiter bereit, ihr Wissen miteinander zu teilen,
- unterstützen Strukturen und Prozesse des Unternehmens das Gestalten von Wissen.

Abb. 2.4: Wenn Wissensmanagement funktioniert

3 WISSENSKULTUR

Die Unternehmenskultur, spezieller: die Wissenskultur, entscheidet in einem Unternehmen maßgeblich über das Denken und Handeln der Mitarbeiter im Umgang mit Wissen. Dies bestätigt auch über die Hälfte der Top 1000 deutschen und Top 200 europäischen Unternehmen. Geringere Bedeutung

Maßgeblicher Einfluss auf das Gestalten von Wissen

*Informationstech-
nologie beschleunigt
das Vorgehen*

sehen sie in der Informationstechnologie: Sie beschleunige das Vorgehen, nachdem die Fundamente in Kultur und Prozessen gelegt sind.

Dieses Ergebnis erstaunt nicht: Interesse und Bereitschaft, Wissen zu geben und zu nehmen, sind erst einmal unabhängig von den verfügbaren Werkzeugen. Selbst hochmoderne Technik wird niemanden dazu bewegen, sich dauerhaft am Austausch zu beteiligen, wenn er dazu nicht bereit ist. Deshalb fristet ein Kommunikationsforum in einer wissensfeindlichen Unternehmenskultur ein Schattendasein, bis der Wandel zu mehr Risiko und neuen Ideen deutlich wird.

*Viel zu oft klammert
man sich noch an
das Prinzip
»Wissen ist Macht«*

Die negative Wirkung einer wissenshemmenden Unternehmenskultur unterstreicht auch die Studie der Beratungsgesellschaft KIENBAUM, in der zwei Drittel der Befragten angeben, dass die Devise »Wissen ist Macht« ein Haupthindernis für das Teilen von Wissen und damit die Umsetzung von Wissensmanagement sei.

Werte sind Wünschenswertes

*Unternehmenskultur
besteht aus Werten,
Normen und
Grundannahmen*

Der Begriff Unternehmenskultur steht für die tief verwurzelten

• Werte (Wünschenswertes),
• Normen (Handlungsleitendes) und
• Grundannahmen (Handlungsbegründendes).

Entsprechend umfasst die Wissenskultur all das, was wünschenswert im Umgang mit Wissen ist und was das Handeln bestimmt.

Wissenskultur zeigt sich zum Beispiel darin,

*Indikatoren für
eine wirkungsvolle
Wissenskultur*

• ob Wissen gern geteilt oder sorgsam gehütet wird,
• ob Wissen zugänglich ist,
• ob Wissen von oben nach unten weitergegeben wird,
• ob die Mitarbeiter wissen dürfen,
• ob Wissen im Unternehmen wichtig ist,
• ob Wissen ein Wert ist, um dessen Steigerung sich alle bemühen,
• ob das Unternehmen eine Kultur hat, die das Entstehen, den Austausch und das Anwenden von Wissen fördert.

In einer angemessenen Wissenskultur sollten die Mitarbeiter positiv zum Lernen eingestellt sein, die Organisation sollte tolerant gegenüber Fehlern und offen für neue Gedanken, Ideen und Meinungen sein. Damit ein Austausch über Wissen stattfinden kann, muss das Unternehmen die Kommunikation fördern und Mitarbeiter belohnen, die Wissen weitergeben und ständig dazulernen.

Fördernde Wissens-kultur: Offenheit und Toleranz gegenüber Fehlern

3M HAT SICH ALS KERNPUNKT DER INNOVATIONSKULTUR DIE MCKNIGHT-PRINZIPIEN GESETZT:

• Verantwortung delegieren

• Ermutigung zu Eigeninitiative

• Toleranz der Vorgesetzten

• Freiraum schaffen für Experimente

• Zulassen von Fehlern

• Entwicklung eigener Arbeitsmethoden

Abb. 3.1: Kernpunkte der Innovationskultur bei 3M

Diese Dimensionen machen Kultur aus

Eine angemessene Wissenskultur umzusetzen wird viele Firmen vor eine große Herausforderung stellen: Dies zeigen die Studien des Kulturforschers Geert Hofstede, der herausgefunden hat, worin sich Kulturen grundsätzlich unterscheiden. Dies sind:

Mehrere Dimensionen bestimmen eine Kultur

1. MACHTDISTANZ: Welche Rolle spielt Macht? Wie groß sind Machtunterschiede? Wie ausgeprägt ist die Hierarchie?

Bedeutet Wissen Macht?

2. UNSICHERHEITSVERMEIDUNG: Wie hoch ist der Bedarf an formalen Regeln? Sind Fehler erlaubt?

Sind Fehler erlaubt?

3. KOLLEKTIVISMUS VERSUS INDIVIDUALISMUS: Welche Bedeutung haben Gruppeninteressen, welche Einzelinteressen?

Wird Wissen geteilt?

4. MASKULINITÄT VERSUS FEMININITÄT: Was bedeutet es, in einer Kultur als Mann oder als Frau zu leben?

Diese Aspekte beeinflussen auch maßgeblich die Wissenskultur: die Machtdistanz durch die Einstellung von »Wissen ist Macht«, die Unsicherheitsvermeidung durch geringe

Fehlertoleranz, der Individualismus durch die fehlende Bereitschaft zum Teilen von Wissen.

Vorsicht vor Patentrezepten

Wen wundert es angesichts solcher Ergebnisse, wenn sich die vielen guten Erfahrungen im Wissensmanagement aus japanischen Firmen nicht ohne weiteres auf deutsche Firmen übertragen lassen? Zählt dort das Gesamtergebnis (Kollektivismus), zählt hier das Einzelergebnis (Individualismus).

Die Macht der »un-heimlichen« Spielregeln

Was offiziell gilt, entspricht oft nicht dem, wie man sich tatsächlich verhält

Offizielle Spielregeln	Heimliche Spielregeln
Arbeite kooperativ.	Zeige Ellenbogen.
Der Mensch steht im Mittelpunkt.	Das System hat immer Recht.
Teile das Wissen mit deinen Kollegen.	Profiliere dich damit allein.
Das Ergebnis der Gruppe zählt.	Bonus gibt es nur für Einzelleistungen.
Baue Brücken.	Grenze dich ab!
Zeige Neugierde, stelle Fragen.	Besserwisserei kommt weiter!
Stelle Bestehendes in Frage.	Halte fest, was du hast!
Zeige Kreativität und Flexibilität.	Sei stabil.
Orientiere dich am Team.	Orientiere dich an Regeln.
Sei mobil.	Sei bodenständig.
Toleriere Fehler.	Sei zuverlässig und seriös.
Sei offen und ehrlich.	Sei clever und smart!
Zeige Verantwortungsfreude.	Sei pflichtbewusst.

Abb. 3.2: Offizielle und heimliche Spielregeln

Eine besondere Rolle für die Wissenskultur spielen heimliche Spielregeln. Der Berater der Gesellschaft ARTHUR D. LITTLE, Scott-Morgan, beschreibt sie in seinem gleichnamigen Buch. Diese un-heimlichen Spielregeln prägen oft entscheidend das Verhalten und müssen deshalb sorgsam in der Bestandsaufnahme aufgedeckt werden (siehe Kapitel 5.4.1). Gelingt dies nicht, bleiben Probleme unerkannt und schlagen sich negativ auf die Kommunikation nieder. Abbildung 3.2 zeigt einige dieser Regeln.

Heimliche Spielregeln müssen unbedingt aufgedeckt werden

Zur Entlarvung der bestehenden geheimen Regeln im Unternehmen dienen bei der ABB Schweiz die »Dark Rooms«. Hier werden Gruppen von rund 50 Mitarbeitern angeregt, über diese Regeln nachzudenken, sie transparent zu machen und aufzuschreiben um anschließend auf Basis der gesammelten Ergebnisse an der Unternehmenskultur zu arbeiten.

Wissen greift in die zentralen Kulturwerte ein

Eine Veränderung der Wissenskultur setzt also an einer Veränderung der zentralen Kulturwerte des Unternehmens an. Voraussetzung für einen Werte- und Kulturwandel ist daher ein klares Bekenntnis der Unternehmensleitung. Dies unterstreicht die Forderung, dass Wissensmanagement eine Aufgabe ist, die in der Geschäftsführung angesiedelt sein muss. Die Geschäftsleitung muss Vorreiter und Vorbild sein, denn wenn schon die Chefs selbst das Wissensmanagement nicht ernst nehmen, wieso sollten es die anderen tun?

Die Gestaltung von Wissen setzt an zentralen Werten an

Für die Umsetzung von Wissensmanagement bedeuten diese Erkenntnisse, dass Projekte zur bestehenden Kultur passen müssen, um neben dem neuen Umgang mit Wissen nicht alle bisher gelebten Werte umzuwerfen und die Mitarbeiter noch mehr zu verunsichern. Dennoch darf Verhalten nicht geduldet werden, das Wissensmanagement nicht fördert.

3.1 Werte in der Wissenskultur

Welche kulturellen Bedingungen sollten geschaffen sein, damit Wissensmanagement optimal umgesetzt werden kann?

»Nur keine Fehler machen«

Vielfach fehlt eine Kultur des Experimentierens. Alles soll so laufen, wie es immer gelaufen ist. Nur keine Unsicherheit aufkommen lassen, nur keinen Fehler machen. Kein Wunder, wenn in dieser Atmosphäre kein Mitarbeiter etwas Neues ausprobieren und etwas riskieren möchte.

Fehler müssen möglich sein

*Fehler sind ein Teil
des Lernprozesses*

Eine fördernde Wissenskultur sollte das Bewusstsein stärken, dass Fehler einen Teil des Lernprozesses darstellen. Mit dieser Überzeugung wird sich der Einzelne eher auf die Suche nach ungewöhnlichen Lösungen begeben. Laborexperimente sind ein sinnvolles Instrument, um Fehlertoleranz in einem Unternehmen zu erhöhen (siehe Teil B, Kapitel 5.1.4).

OHNE FEHLER KEIN LERNEN!

>»Fehler wird es immer geben. Aber die Fehler der Mitarbeiter, die meist die richtigen Dinge tun, sind nicht so gravierend wie die, die dadurch entstehen, dass das Management den Verantwortlichen genau vorschreiben will, wie sie ihre Arbeit zu verrichten haben.«
>
>»Ein Management, das überkritisch auf Fehler reagiert, zerstört Eigeninitiative. Die Mitarbeiter mit persönlichem Engagement sind lebenswichtig, wenn ein Unternehmen weiter wachsen will.« (WILLIAM McKNIGHT, 1944)

»Ich weiß etwas, was du nicht weißt«

*Jetzt gilt:
Teilen von Wissen
ist Macht*

»Wissen ist Macht.«–Menschen in Organisationen setzen sie ein, um ihre Interessen durchzusetzen: Sie halten Informationen zurück und manipulieren sie. Die Firmenleitungen begreifen immer mehr, welchen Schaden ihnen Machtmissbrauch zufügt: So erhöht autoritäres Verhalten der Führungskräfte den Krankenstand und die Fluktuation; mangelnde Kommunikation verhindert, dass Mitarbeiter wissen, wie sie das Erreichen der Unternehmensziele unterstützen können. Hier sind klare Vorgaben seitens der Unternehmensleitung gefordert, die auch sanktioniert werden müssen: Wissensnutzung wird nachdrücklich gefordert, gefördert und belohnt.

ERFOLGE IM WISSENSMANAGEMENT MÜSSEN BELOHNT UND GEFEIERT WERDEN!

*Wissen darf nicht
länger als Besitz
Einzelner gelten*

Wissen darf nicht länger als wertvoller Besitz gelten, den es eifersüchtig zu horten gilt, sondern muss Allgemeingut werden, das sich durch Teilen vermehrt. Langsam kann so ein Klima von Offenheit und Kooperationsbereitschaft entstehen. Bei NOKIA heißt es: »Wissen ist nur dann stark, wenn es geteilt wird.«

MEHR WISSEN FÜR DEN EINEN HEISST NICHT WENIGER WISSEN FÜR DEN ANDEREN!

SIEMENS sensibilisiert seine Mitarbeiter für das Thema Wissensmanagement in Schulungen: Sie sollen lernen, dass der Austausch von Wissen die Servicequalität erhöht und die Kundenzufriedenheit steigert, dass er dem Aufbau von Lösungskompetenz im gesamten Unternehmen dient und eine effizientere Nutzung von Information und Wissen als Produktionsfaktoren ermöglicht.

Vertrauen ist eine wichtige Grundlage für das Teilen: Wenn einer das Wissen eines anderen als sein eigenes Wissen ausgibt, wird der andere kaum noch Wissen teilen wollen.

Vertrauen ist eine wichtige Basis

Beim Aufbau von Vertrauen kommt der persönlichen Kommunikation große Bedeutung zu – ein Computer kann Vertrauen nun einmal schwer vermitteln: Wissensmanagement hat viel mit Psychologie zu tun, also dem Erleben und Verhalten von Menschen.

Wissensmanagement hat viel mit Psychologie zu tun

Ein spezielles Problem durch die fehlende Bereitschaft zum Teilen zeigt sich im Rahmen von Fusionen und Akquisitionen (Firmenverschmelzungen und Zukäufen): Das »Not invented here«-Syndrom bezeichnet das Phänomen, dass sich die Mitarbeiter eines Unternehmens wenig oder gar nicht mit jenen Produkten identifizieren können, die sie nicht selbst entwickelt haben, sondern mit der neuen Firma in das Unternehmen gelangt sind. Diese »Abstoßreaktion« hat auch gravierende Auswirkungen auf das Bild, das Unternehmen nach außen von ihren Leistungen vermitteln.

Bereitschaft, auch externes Wissen zu akzeptieren

Eine Möglichkeit, diesen Effekt zu verringern, sind interdisziplinäre Teams mit Mitarbeitern des neuen Unternehmens. Die Zusammenarbeit lässt das Misstrauen gegenüber Unbekanntem geringer werden.

Interdisziplinäre Teams mit Mitarbeitern des neuen Unternehmens

TEXAS INSTRUMENTS hat eine andere Lösung gefunden: Sie verleihen Preise mit dem Motto: »Nicht bei uns erfunden, aber mit Erfolg angewendet« (siehe auch Teil B, Kapitel 4).

LEITSÄTZE FÜR EIN INNOVATIONSFREUNDLICHES
WISSENSKLIMA:

Misserfolge werden geduldet: Nicht allein der Erfolg zählt,
sondern auch das Bemühen.

Jeder kann unabhängig von Rang und Status Ideen
äußern.

Wir sind bereit, Wagnisse einzugehen, und akzeptieren
auch Fehlschläge.

Wir fördern ein innovatives Betriebsklima und jeden
einzelnen Mitarbeiter.

Wir glauben, dass das einzige Dauerhafte der Wandel ist.

Wir fördern die Vielfalt, Leistungen zählen mehr als Rang
und Beziehungen.

Wir stehen hinter unseren Produkten und Dienstleistungen.

Wir lassen neue Ideen nicht im Aktenschrank verstauben
– wir testen ihre Umsetzbarkeit ... schnellstmöglich.

Bei neuen Projekten nutzen wir auch die Kompetenz von
Außenstehenden.

Wir glauben an den Erfolg jedes Einzelnen.

Abb. 3.3: So entsteht ein innovationsfreundliches Wissensklima

»Das war hier schon immer so«

Aufgeschlossenheit für Neues

Psychologen haben herausgefunden, dass sich Persönlichkeiten von Menschen (und damit auch Unternehmen) zentral darin unterscheiden, ob sie eher zum Wandel oder zur Beständigkeit neigen. Da Wissensmanagement mit Veränderungen einhergeht, müssen diese Eigenschaften berücksichtigt werden. Die Vertreter des Alten sind häufig die »Verlierer« bei Veränderungen; sie wehren Fremdes und Neues ab, was das Entstehen und Entwickeln neuer Ideen stört oder gar verhindert.

Ein Unternehmen muss verlernen können

Die Einstellung zu Konstanz und Dauer bestimmt, inwieweit ein Unternehmen umlernen und sein bisheriges Verhalten ändern kann: Umlernen bedeutet, bestehendes Wissen in Frage zu stellen. Umlernen bietet die Möglichkeit, alte Struk-

PROBLEME IN DER UNTERNEHMENSKULTUR	LÖSUNGSANSATZ
Mangel an Vertrauen	Aufbau von Beziehungen durch starke persönliche Kommunikation
Unterschiedliche Kulturen, Sprachgewohnheiten, Bezugsrahmen	Schaffen gemeinsamer Grundlagen durch Ausbildung, Kommunikation und Teambildung; Job-Rotation
Zeitmangel und Fehlen von Kommunikationsstätten	Verlagern von Prioritäten, Schaffen zeitlicher, räumlicher und inhaltlicher Freiräume
Statusgewinn und Belohnungen für elitäre Wissensträger	Stärken des Gemeinschaftsgefühls; Umsetzen einer Leistungsbeurteilung und von Anreizen auf Basis der Weitergabe von Wissen
Mangel an Aufnahmefähigkeit der Empfänger	Schulung zur Flexibilität, Schaffen zeitlicher Möglichkeiten zum Lernen; Einstellen von Mitarbeitern, die neuen Ideen gegenüber aufgeschlossen sind
Einstellung, dass Wissen bestimmten Gruppen vorbehalten ist; »Ist nicht hier entwickelt«-Syndrom	Förderung eines nicht-hierarchischen Umgangs mit Wissen; Entwickeln der Einstellung, dass die Qualität der Ideen wichtiger ist als der Status der Quelle; Imitationswettbewerbe
Intoleranz gegenüber Fehlern und Hilfsbedürftigkeit	Akzeptanz und Belohnung kreativer Irrtümer; Kooperationsprojekte; kein Statusverlust, wenn man nicht alles weiß; Laborexperimente

Abb. 3.4: Probleme in der Unternehmenskultur und deren Lösung

turen zu Gunsten von neuem Wissen zu ändern oder aufzugeben. Jedoch führt Erfolg häufig dazu, altes Verhalten beizubehalten und zu festigen. Entscheider und Berater stellen immer wieder fest, dass sich Unternehmen dem Lernen widersetzen, weil sie alte Wissensstrukturen nicht ändern wollen.

Erfolg führt häufig dazu, altes Verhalten beizubehalten und zu festigen

Umlernen benötigt Zeit und oft wird die Notwendigkeit zu spät erkannt, dann entsteht Verwirrung: Die alten Strukturen genügen den Anforderungen nicht mehr, wurden jedoch durch den bisherigen Erfolg stabilisiert. Neue Strukturen und

Balance zwischen Verlernen und Bestätigen bestehender sinnvoller Wissensstrukturen

neues Verhalten haben sich noch nicht entwickelt und sind nicht verfügbar. Die Herausforderung besteht darin, die Balance zu finden zwischen Verlernen und dem Bestätigen bestehender sinnvoller Wissensstrukturen. Dies muss mit Anreizen gefördert werden (siehe Teil B).

Mitarbeiter und Unternehmen müssen eine neue Kultur lernen

Diese Kultur sollte ein Unternehmen lernen

Der Wandel hin zu einer wissensfördernden Unternehmenskultur bedeutet also auch Lernen für Mitarbeiter und Unternehmen, nämlich:

- bereit sein, von anderen zu lernen,
- fähig sein, Gemeinsamkeiten zwischen den Beteiligten zu erkennen,
- aufgeschlossen sein, fremde Leistungen zu akzeptieren,
- lernen, Aufgaben an andere abzugeben,
- lernen, anderen zuzuhören,
- lernen, das Denken anderer zu akzeptieren.

3.2 Wissensleitbild

Das Wissensleitbild gestaltet die Unternehmenskultur

Die angestrebte Wissenskultur wird in einem Wissensleitbild schriftlich fixiert. Basis dieses formulierten Selbstverständnisses sind die gelebte Unternehmenskultur sowie Wünsche und Erwartungen des Managements, der Belegschaft, aber auch der externen Zielgruppen. Die Aussagen zum Umgang mit Wissen sollten möglichst auch in der allgemeinen Firmenvision, der Unternehmensstrategie und im Selbstverständnis verankert sein.

WISSENSLEITBILD: SO SOLL DER UMGANG MIT WISSEN SEIN.

Das Leitbild bestimmt den Kurs

Das Wissensleitbild bestimmt den Kurs im Wissensmanagement durch einen Katalog von Kriterien, der Werte und Bekenntnisse der Verantwortlichen und der Unternehmensführung enthält und Normen für das Verhalten setzt.

SIEMENS-Chef Heinrich von Pierer hat als Selbstverständnis 1997 genannt: »*Siemens ist ein globales innovatives Netzwerk von Menschen, die ihr Wissen auf dem Gebiet der Elektrotechnik und Elektronik zum Nutzen aller Kunden einsetzen, die ständig lernen und partnerschaftlich zusammenarbeiten, die den Mut zu schnellen Entscheidungen aufbringen und Freude am wirtschaftlichen Erfolg haben*« (siehe auch das Beispiel in Teil C, Kapitel 1).

Das Wissensleitbild ist in die Zukunft gerichtet – im Gegensatz zur historisch gewachsenen und derzeit gelebten Unternehmenskultur. Beide, Unternehmenskultur und Wissensleitbild, beeinflussen sich gegenseitig.

Unternehmenskultur und Wissensleitbild beeinflussen sich gegenseitig

DAS LEITBILD ENTSPRINGT DER UNTERNEHMENSKULTUR UND WIRKT AUF SIE ZURÜCK.

Das Wissensleitbild schafft Einverständnis

Ein Wissensleitbild hat folgende Vorteile:

Vorteile eines Leitbildes

- Es schafft die Grundlage für das Einverständnis aller Beteiligten über Ziele und Vorgehen im Wissensmanagement.

- Es ist Grundlage der konsistenten Kommunikation zwischen Führungskräften und Mitarbeitern und schafft die Grundlage für einheitliches Verhalten auf allen betrieblichen Ebenen.

Grundlage konsistenter Kommunikation zwischen Führungskräften und Mitarbeitern

- Das Wissensleitbild unterstützt die Geschäftsleitung und Führungskräfte bei zeitgemäßer und der Situation angepasster Führung. Fehler können erkannt und korrigiert werden; Unsicherheiten werden ausgeräumt, die das optimale Erfüllen von Aufgaben im Sinn der Wissensziele verhindern.

Basis von Führungsgrundsätzen

- Das Wissensleitbild zeigt jedem Mitarbeiter, wie er durch persönliches Verhalten zum Erreichen der Wissensziele (und damit der Unternehmensziele) beitragen kann.

- Das Wissensleitbild ist Basis, damit die einzelnen Bereiche detaillierte Vorgaben für die Mitarbeiter ableiten können, die nicht beliebig sind, sondern die aus einem übergeordneten gemeinsamen Selbstverständnis stammen.

Basis für die Ableitung konkreter Verhaltensvorgaben

*Information von Ziel-
gruppen über ange-
strebte Werte und Ziele*

• Das Wissensleitbild wirkt nach außen, indem es wichtige Zielgruppen über die angestrebten Werte und Normen informiert und Aussagen über Wünsche und Erwartungen an eine Zusammenarbeit trifft.

Leitbild legt gemeinsame Spielregeln fest

*Das Wissensleitbild
besteht aus der
Leitidee, Leitsätzen
und einem Motto*

Wenn das Unternehmen stärker als Ganzes wirken soll, müssen gemeinsame »Spielregeln« bekannt sein und eingehalten werden. Das Wissensleitbild gibt hierfür den Orientierungsrahmen vor, der je nach Situation und Problem ausgefüllt werden kann.

Das sind die Teile des Leitbildes:

DIE LEITIDEE

*Die Leitidee nennt Sinn
und Nutzen des Wissens*

Sie nennt den Sinn (Nutzen) des Wissens und vermittelt eine Vision, wie dies aktuelle und künftige Probleme lösen will. Zum Beispiel kann ein Unternehmen mit Wissen zum medizinischen Fortschritt beitragen, die Mobilität der Menschen erhöhen, mit neuen Erkenntnissen in der Pflanzenheilkunde die Lebensqualität der Menschen fördern.

DIE WISSENSLEITSÄTZE

*Die Leitsätze erläutern
die Leitidee*

Visionen liegen weit weg und machen es leicht, beim Alten zu bleiben. Die Leitidee wird daher in Leitsätzen konkretisiert: Leitsätze sind Kernaussagen, die grundlegende Werte, Ziele und Erfolgskriterien festlegen. Sie bestimmen das Verhältnis des Unternehmens zum Wissen und formulieren die spezifische Kompetenz des Unternehmens, seine Leistungsfähigkeit und die Wettbewerbsvorteile und erläutern, wie die Leitidee umgesetzt wird.

Wissensleitsätze sind so allgemein formuliert, dass sie für alle Bereiche des Unternehmens gelten, aber nicht so allgemein, dass sie zu hohlen Phrasen verkommen. Leitsätze sind allgemein zugänglich und verständlich:

*Wissensleitsätze
sind konkret*

• Wissen soll die Kundenzufriedenheit erhöhen.
• Der Mitarbeiter ist die Quelle von Wissen und nicht der Computer
• Wissen soll Qualität und Spitzenleistungen erzeugen.
• Neuartige und ungewöhnliche Ideen sind ausdrücklich erwünscht.

- Teilen von Wissen geht vor Horten.
- Wissen soll eine erstklassige Rendite des Eigenkapitals bringen.
- Die Aus- und Weiterbildung aller Mitarbeiter hat zentrale Bedeutung.
- Wir wollen ein produktives Wissensklima und, damit verbunden, ein weiteres gesundes Wachstum.

Diese Wissensleitsätze werden in den einzelnen Bereichen des Unternehmens, wie Forschung und Entwicklung, Personal, Marketing etc., konkretisiert, damit erwartetes Handeln möglich ist, dessen Einhaltung kontrolliert und sanktioniert wird. Zum Beispiel: Welche Aufgabe ergibt sich für die Weiterbildung, um deren Bedeutung angemessen wahrzunehmen?

Leitsätze für Funktionen bestimmen konkretes Handeln

Das Motto

Wissensidee und Wissensleitsätze sind meist zu lang, um sie sich merken zu können. Ein Motto bringt daher das Wissensleitbild auf den Punkt: Es ist kurz, prägnant, leicht zu merken und unterscheidet sich von anderen. Ein Beispiel: »Ideen in Aktion«, »Wissen ist Wert«.

Das Motto als Konzentrat

4 KOMMUNIKATION

Kommunikation hat drei Aufgaben im Wissensmanagement:

1. Sie informiert interne und externe Zielgruppen über die Bedeutung von Wissen im Unternehmen.
2. Sie dient der Verständigung über das Wissensmanagement und die erforderlichen betrieblichen Veränderungen.
3. Sie transportiert Wissen.

Kommunikation hat drei Aufgaben im Wissensmanagement

Was genau ist Kommunikation? Kommunikation dient zunächst dem Übermitteln von Informationen: Die Mitarbeiter erfahren, dass die Kundenbeschwerden von fünf auf drei gesunken sind; der Mitarbeiter informiert seinen Vorgesetzten über seinen Arbeitsplatz, das Unternehmen informiert seine Kunden über neue Produkte. Das ist nicht genug: Eine Information muss ankommen, verstanden und bestätigt werden. Rückmeldung ist deshalb für den Kommunikationspro-

Kommunikation dient zunächst dem Übermitteln von Informationen

Rückmeldung ist für den Kommunikationsprozess entscheidend

zess so entscheidend. Kommunikation ist damit mehr als das Hin und Her von Informationen, denn Kommunikation wäre sonst auch, wenn zwei in unterschiedlichen Sprachen aneinander vorbeireden.

> *KOMMUNIKATION BEDEUTET AUSTAUSCH UND VERSTÄNDIGUNG.*

4.1 Externe Kommunikation

Public Relations im Markt

Die externe Kommunikation hat die Aufgabe, die Zielgruppen über die Bedeutung von Wissen im Unternehmen und den Nutzen für diese Zielgruppen zu informieren. Hierzu steht dem Unternehmen zum Beispiel die Öffentlichkeitsarbeit (»Public Relations«) zur Verfügung:

Public Relations mit Marktpartnern finden vor allem statt über Produkte, Leistungen und ihre Bedeutung für den Markt. Sie unterstützen die anderen Instrumente der Kommunikationspolitik im Marketing-Mix bei dem Ziel, das Leistungsangebot bekannt zu machen und ein einzigartiges, unverwechselbares Image aufzubauen, um möglichst eine Alleinstellung im Markt zu erreichen.

Informationen aus dem Wissensmanagement an die Zielgruppen

Die Öffentlichkeitsarbeit kann also wichtige Informationen aus dem Wissensmanagement – neue Verfahren, Erfolge durch Wissen, innovative Leistungen – an die Zielgruppen geben, um das Image als wissensorientiertes Unternehmen zu stärken. Dies kann sich auf den Verkauf der Leistungen auswirken, aber auch auf neue Bewerber, die in dem Unternehmen einen attraktiven Arbeitgeber sehen, der einen interessanten Arbeitsplatz bietet.

Public Relations mit gesellschaftlichen Gruppen

PR beschränken sich aber nicht nur auf den Markt: Ein Unternehmen kann auch mit Nachbarn, Behörden, Parteien, Vereinen und Verbänden kommunizieren. So könnten Experten auf das Unternehmen aufmerksam werden und eine Kooperation eingehen wollen; Verbände könnten dem Unternehmen ihr Wissen zur Verfügung stellen, um das Unternehmen in seinen Zielen zu unterstützen.

Die Öffentlichkeitsarbeit verfügt über viele Instrumente. Eines der wichtigsten ist die Medienarbeit (Presseinformationen, Pressekonferenzen, regelmäßige Treffen mit Medienvertretern, Anzeigen, Broschüren, elektronische Medien wie CD-ROM, Videokonferenzen, E-Mail und natürlich das Internet). Weitere externe PR-Maßnahmen sind Aktionen, Ausstellungen und Kongresse sowie die Unterstützung von Veranstaltungen in den Bereichen Kultur, Sport, Soziales (siehe hierzu das Buch »Public Relations« von Dieter Herbst).

Instrumente der Öffentlichkeitsarbeit

4.2 Interne Kommunikation

Interne Kommunikation umfasst sämtliche Kommunikations- und Informationsbeziehungen im Unternehmen. Sie beinhaltet, dass die Mitarbeiter alle für sie wichtigen Informationen über ihre Tätigkeit, ihren Arbeitsplatz und das Unternehmen kennen und über Veränderungen informiert sind. Durch interne Information nehmen sie teil am Unternehmensgeschehen und identifizieren sich im Idealfall sowohl mit ihren Aufgaben als auch mit den Unternehmenszielen. Unterschiedliche Standpunkte und Meinungen zu einem Thema können offen gelegt und ausgetauscht werden.

Sämtliche internen Kommunikations- und Informationsbeziehungen

Kommunikation sorgt für Transparenz und Austausch von Wissen

Kommunikation schafft Transparenz und transportiert Wissen. Drei Beispiele:

Kommunikation schafft Transparenz

- Ein Experte ist in einem großen Unternehmen den anderen Mitarbeitern meist nicht mehr persönlich bekannt, der informelle und Gewinn bringende Austausch mit Kollegen fehlt.

- Wertvolles Wissen ist zwar vorhanden, wird aber nicht genutzt.

- In vielen Unternehmen arbeiten häufig mehrere Teams an den gleichen Aufgaben und Problemen, ohne voneinander zu wissen.

Kommunikation schafft hier Transparenz, verringert Doppelarbeit und sorgt für stärkere projekt- und grenzübergreifende Zusammenarbeit und Synergien gewissermaßen nach dem Motto: 1 + 1 = 3. Häufig finden sich deshalb Kommunikations-

Das Motto lautet:
1 + 1 = 3

*Kommunikations-
instrumente sind auch
Instrumente des
Wissensmanagements*

instrumente als Instrumente des Wissensmanagements (siehe auch Teil B, Kapitel 5.6).

Kommunikation begleitet Veränderungen

Eine weitere wichtige Aufgabe von Interner Kommunikation ist die Begleitung der betrieblichen Veränderungen durch Wissensmanagement: Ohne Kommunikation mit den Mitarbeitern kein Wandel, lässt es sich allgemein auf einen kurzen Nenner bringen. Niko Mohr hat sich in seiner Doktorarbeit über organisatorische Wandlungsprozesse zahlreiche Studien zum Thema angesehen. Alle kommen zu dem Ergebnis, dass Kommunikation mit den Mitarbeitern eine zentrale Rolle im Wandel spielt und als wirksamstes Mittel gegen das Scheitern von Veränderungen gesehen wird.

*Kommunikation
und Veränderung*

»ES GIBT KEINE ERFOLGREICHE VERÄNDERUNG IN DER UNTERNEHMUNG, ES SEI DENN, BEGLEITET DURCH EINE OFFENE UND LEBENDIGE KOMMUNIKATIONSPOLITIK.«

(Doppler)

*Erklären ist eine
zentrale Aufgabe der
Kommunikation*

Aufgabe der Kommunikation ist es, den Mitarbeitern Ziele, Vorgehen und Konsequenzen von Wissensmanagement zu erklären und sie aktuell und ausführlich auf dem Laufenden zu halten.

Kommunikationsexperte Hill bringt es auf den Punkt:

*Es sind die Menschen,
die den Erfolg einer
Organisation garantieren; darum ist Kommunikation so wichtig*

»Es sind nicht die Modelle wie Lean Management oder Total Quality Management, die die Welt verändern, es sind auch bei aller Notwendigkeit zum Reengineering nicht die Prozesse, die die Arbeit machen, sondern es sind die Menschen, die den Erfolg einer Organisation garantieren. In allen Organisationen arbeiten Menschen – mit und für Menschen... Deshalb ist Kommunikation so wichtig.«

(Siehe auch das Buch »Interne Kommunikation« von Dieter Herbst.)

Kommunikation ist abhängig vom Mitarbeiter

*Aufgaben der
Kommunikation*

Der Mitarbeiter spielt – dies wurde schon bei der Entstehung von Wissen deutlich – eine bestimmende Rolle in der Kommunikation:

Er bestimmt,

- ob er angebotene Informationen wahrnimmt (er wird zum Beispiel eher Informationen suchen und wahrnehmen, die seine Einstellung bestätigen),
- wie er sie beurteilt (*»Die Informationen aus der Mitarbeiterzeitung sind unkritisch, weil sie von der Geschäftsleitung kommen«*),
- ob er sie lernt und behält (*»Diese Informationen sind für meine Tätigkeit wichtig, diese sind für mich unwichtig«*),
- oder ob er auf andere Quellen ausweicht (zum Beispiel auf Gerüchte).

Der Mitarbeiter nimmt Informationen selektiv wahr und bewertet sie subjektiv

Es kommt also nicht nur darauf an, WELCHE Informationen gegeben werden, sondern auch, WIE sie gegeben und von den Adressaten bewertet werden. Dies klingt plausibel – doch tägliche Praxis ist, dass die Vorgesetzten ihre Mitarbeiter einseitig »unterrichten« über Dinge, die sie für richtig und wichtig halten, weil sie es so aus verstaubten Personalbüchern gelernt haben. Ob die Mitarbeiter die Nachricht auch aufnehmen wollen und können, ob sie diese verstehen, prüfen sie kaum. Auch nicht, ob sie akzeptiert wird. Jedoch gibt es wesentliche Unterschiede zwischen Mitarbeitern: Wissen, Perspektive, Bildung, Interessen und nationale Unterschiede driften erheblich auseinander – genauso wie die Wünsche und Erwartungen an die Interne Kommunikation, deren Medien, Inhalt und Form: Gewerbliche Mitarbeiter haben hier andere Interessen als Angestellte, Führungskräfte andere als Auszubildende und Pensionäre andere als der Vorstand und der Betriebsrat.

Die Kommunikation sollte den Mitarbeiter dort abholen, wo er sich aktuell befindet

DIE HERAUSFORDERUNG EINER PROFESSIONELLEN UND EFFIZIENTEN INTERNEN KOMMUNIKATION LIEGT DARIN, DEN BEZUGSGRUPPEN GENAU JENE KOMMUNIKATION ZU ERMÖGLICHEN, DIE AUS SICHT DER BETEILIGTEN SINNVOLL UND MACHBAR IST.

Viele Konzepte wie Corporate Identity, Business Reengineering, Change Management bleiben weit hinter den Erwartungen zurück, weil sie den Mitarbeitern aufgedrängt werden.

Im »Manager-Magazin« 8/96 gaben sogar Verfechter von Reengineering-Prozessen an, dass 80 Prozent dieser Projekte auf der Strecke geblieben sind. Als Grund wird fast unisono genannt, dass sich die Mitarbeiter nicht mit den Zielen – Rationalisierung und Erhöhung der Geschwindigkeit von Abläufen – identifizieren können, sie ablehnen und sich weigern, diese Projekte und Prozesse zu unterstützen.

Den Mitarbeitern jene Kommunikation bieten, die sie benötigen

Hieraus sollte Wissensmanagement lernen und den Mitarbeitern jene Kommunikation bieten, die sie benötigen. Informationen breit und massenhaft zu streuen erzeugt »Informationsmüll« und überlastet – abgesehen davon, dass dies extrem ineffizient und teuer ist. Mit den Worten des Dichters Eugen Roth ausgedrückt: »Ein Mensch wird müde seiner Fragen, nie kann die Welt ihm Antwort sagen. Doch gern gibt Antwort alle Welt, auf Fragen, die er nie gestellt.«

Das Beispiel Mitarbeitergespräch

Das direkte, persönliche Gespräch zwischen Vorgesetztem und Mitarbeiter ist durch nichts zu ersetzen

Das direkte, persönliche Gespräch zwischen Vorgesetztem und Mitarbeiter ist durch nichts zu ersetzen. Um es deutlich zu sagen: Führungsaufgabe ist, nachvollziehbar zu machen, welche Bedeutung die strategischen Ziele des Unternehmens für jeden einzelnen Arbeitsplatz haben! Der Mitarbeiter selbst muss prüfen, was sie für ihn bedeuten, und sein Vorgesetzter muss ihn dabei unterstützen, interpretieren, verdeutlichen. Keine Technik ist in der Lage, dies zu tun!

KEIN COMPUTER KANN EINEM MITARBEITER MOTIVIEREND ERKLÄREN, WIE ER ZUM ERREICHEN DER STRATEGISCHEN UNTERNEHMENSZIELE BEITRAGEN KANN.

Bereiche des Mitarbeitergesprächs

Im regelmäßigen Mitarbeitergespräch geht es um mindestens vier Bereiche:

1. Leistungsbeurteilung für eine abgelaufene Periode

2. Zielvereinbarung für die kommende Periode

3. Verknüpfung mit dem Entgelt und dem Bonus

4. Förderung durch Weiterbildung und Training

Der Vorgesetzte formuliert seine Erwartungen an Aufgaben, Ziele und Verhalten des Mitarbeiters. Dies ist zugleich Grundlage für die spätere Bewertung. Da gute Leistungen honoriert und schlechte geahndet werden, sind Gehalt, Bonus und Zulagen wichtiger Teil des Mitarbeitergesprächs.

Bestandteil dieses Mitarbeitergesprächs sollte das Thema Wissen sein, dessen Entstehen, Entwicklung, Anwendung und Bewahrung. Im Gespräch achtet der Vorgesetzte besonders auf die Sicht des Mitarbeiters: Wie sieht er seine Leistung? Was hat sie in seinen Aufgaben gefördert, was hat sie behindert? Einschätzungen, Wünsche, Anregungen und Befürchtungen werden offen gelegt und diskutiert und fließen in Entscheidungen ein, wie zum Beispiel die Vereinbarung von Zielen: Sind sie aus Sicht des Mitarbeiters realistisch? Sind sie erreichbar? Welche Unterstützung ist erforderlich, um sie umzusetzen? Damit wird dieses Gespräch eine Verabredung, mit der Mitarbeiter sich identifizieren können, die sie motiviert und ihre Kreativität fördert (weitere Erläuterungen zum Thema bietet das Buch »Interne Kommunikation« von Dieter Herbst).

Fester Bestandteil des Mitarbeitergesprächs sollte das Thema »Wissen« sein

Formale und informelle Kommunikation

Für das Wissensmanagement sind zwei Formen von Kommunikation bedeutend: formale und informelle Kommunikation. Beide dienen dem Austausch.

4.2.1 Die formale Kommunikation

Formale Kommunikation umfasst alle Inhalte und Kanäle, die absichtlich und dauerhaft eingerichtet sind. Sie lassen sich danach unterscheiden, in welche Richtung sie verlaufen:

Formale Kommunikation umfasst alle Inhalte und Kanäle, die absichtlich und dauerhaft eingerichtet sind

INFORMATION VON OBEN NACH UNTEN (»TOP DOWN«)

Der Vorgesetzte gibt Informationen an seine Mitarbeiter weiter, er erteilt einen Auftrag und gibt die zur Ausführung notwendigen Informationen. Dies setzt sich als Kaskade im Unternehmen fort: Der Vorstand informiert seine unmittelbaren Führungskräfte, zum Beispiel Fachbereichsleiter. Diese geben die Informationen an ihre unmittelbaren Mitarbeiter weiter: die Hauptabteilungsleiter. So gelangen Informationen weiter bis zum Abteilungsleiter, der seine Gruppenleiter und diese schließlich die Mitarbeiter unterrichten.

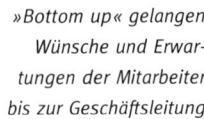

INFORMATION VON UNTEN NACH OBEN (»BOTTOM UP«)

»Bottom up« gelangen Wünsche und Erwartungen der Mitarbeiter bis zur Geschäftsleitung

Hier läuft der Kommunikationsfluss andersherum: Der Mitarbeiter informiert seinen Vorgesetzten (Meister oder Fachgruppenleiter) zum Beispiel über die Ergebnisse einer Dienstreise oder einer Verhandlung, dieser wiederum informiert seinen Vorgesetzten (Abteilungsleiter) und so weiter. So sollen Wünsche und Erwartungen der Mitarbeiter bis zur Geschäftsleitung gelangen.

QUERINFORMATION

Kollegen informieren sich über Vorfälle, die sich für den anderen zu wissen lohnen. Der Weg ist schnell und unbürokratisch, das Einhalten des Dienstweges nicht notwendig. Die Information zwischen Stab und Linie kann ebenfalls als Querinformation gesehen werden.

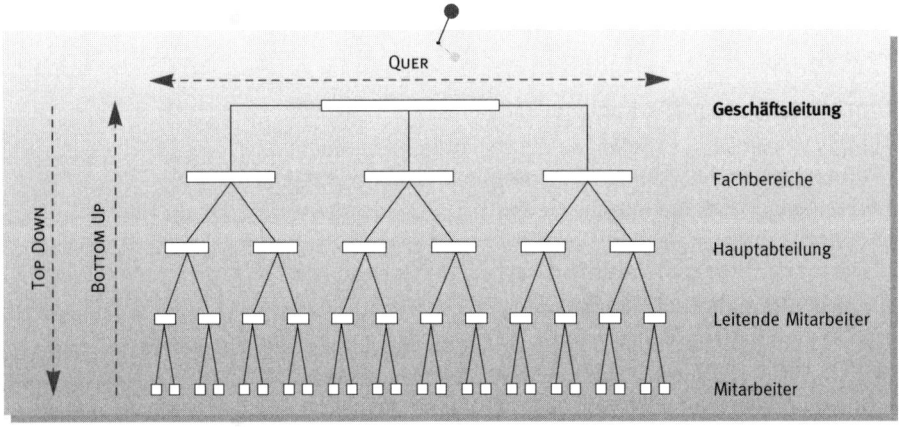

Abb. 4.1: *Informationen von oben nach unten und quer*

Verstopfte Kommunikationskanäle

Informationen auf dem richtigen Weg

Kommunikationskanäle lassen sich prüfen, ob sie funktionieren, verstopft sind oder in die Leere laufen. Das Ergebnis zeigt Schwachpunkte und Kommunikationslücken.

In großen Unternehmen kann das Prinzip »von oben nach unten« kaum funktionieren: Nur selten gibt es durchgängige Kommunikationswege – in diversen Gremien und Arbeitsgruppen ist unklar, wer sich um die Kommunikation kümmert, was weitergegeben wird und an wen. Hinzu kommt, dass im Lauf der Zeit immer mehr Hierarchien geschaffen wurden – mitunter fünf bis zehn Ebenen.

Die Folgen sind lange Entscheidungswege und ineffiziente Abläufe. Die Kommunikation muss sich über immer mehr Stationen nach unten fortsetzen, die Informationen müssen also jeweils aufgenommen, ausgewählt, verarbeitet und weitergegeben werden. Man kann sich leicht vorstellen, was am Ende von einer Nachricht ankommt – besser: was übrig bleibt – wenn sechs bis acht Hierarchiestufen zu überwinden sind. Der Volksmund hat dies erkannt und als Prinzip der »stillen Post« bezeichnet.

Lange Entscheidungswege und ineffiziente Abläufe

Welche Probleme können an den unterschiedlichen Stationen auf dem Weg zum Mitarbeiter auftreten?

Hürden auf dem Weg zum Ziel

- Fehler in der Übertragung, der Wahrnehmung, der Auswahl und in der Deutung,
- zeitliche Verzögerungen,
- äußere Einflüsse können Form, Inhalt und Schnelligkeit beeinträchtigen.
- »Pförtner« (»Gatekeeper«) können Informationen und Informationsflüsse bewusst oder unbewusst ändern. Solche Pförtner sind zum Beispiel Vorgesetzte, die eigene Fehler und Mängel verschleiern, um die Position oder Karriere nicht zu gefährden. Kommunikationskiller können mitunter auch Inhaber von Schlüsselfunktionen wie Sekretärinnen, Vorstandsassistenten, Stabs- und Koordinierungsstellen sein.

Immer mehr setzt sich daher im Wissensmanagement eine hierarchieunabhängige Kommunikation durch, die durch elektronische Medien stark unterstützt wird.

4.2.2 Die informelle Kommunikation

Informelle Kommunikation ist der Austausch quer über alle Instanzen hinweg, ohne Dienstwege zu beachten. Gut daran ist, dass sich Gruppen (Teams, Gruppenarbeit) schnell und

Austausch quer über alle Instanzen hinweg

vollständig besprechen können. Kurze und schnelle Kommunikationswege sind für das betriebliche Vorschlagswesen wichtig, denn nichts ist frustrierender, als wenn ein Vorschlag nach einem schleppenden Gang durch die betrieblichen Instanzen erst viel später verwirklicht wird. Auf informellem Weg kann sich ein Vorgesetzter informieren, ob seine Weisung auch zu anderen Mitarbeitern durchgedrungen ist.

Informelle Kommunikation kann auch Verwirrung stiften

Informelle Kommunikation kann aber auch Verwirrung stiften, etwa wenn einer etwas weiß, was er auf Grund seiner hierarchischen Stellung eigentlich gar nicht oder erst viel später wissen dürfte. Diesen Informationsvorsprung kann er zum Nachteil anderer nutzen.

Umfassende Information verhindert, dass Gerüchteküche kocht

Kritisch kann informelle Kommunikation auch sein im Fall von Kantinengesprächen, der Gerüchteküche oder Gesprächen auf dem Betriebsfest. Keiner prüft nämlich, über welche Themen gesprochen wird, keiner, ob die ausgetauschten Informationen korrekt sind. Häufig sind diese Informationen verfremdet, falsch und führen zu Unsicherheit und Unruhe, sie lösen Spannungen, Misstrauen und sogar Aggressionen aus. Umfassende formale Kommunikation kann dies verhindern.

Maßnahmen für den Austausch von Wissen

Für den Austausch von Wissen steht eine Reihe von Maßnahmen zur Verfügung, die einen für den jeweiligen Bedarf angepassten und abgestimmten Mix ergeben sollten (siehe nächstes Kapitel).

5 DER PROZESS

Wissensvorsprung durch langfristige Planung dauerhaft sichern

Das systematische Gestalten von Wissen muss sorgsam und langfristig aufgebaut und entwickelt werden, denn nur dann laufen die Prozesse stabil. Der Wissensvorsprung muss dauerhaft gesichert sein, um langfristige Vorteile daraus ziehen zu können. Dazu gehört die Klärung folgender Fragen:

Fragen auf dem Weg zum Wissensmanagement

- Welche Unternehmensziele kann das Management von Wissen erreichen helfen?

- Welches Wissen gibt es überhaupt im Unternehmen?

- Welches Wissen davon wird benötigt, um Wettbewerbsvorteile erzielen zu können?

- Wie kann dieses Wissen entstehen, gespeichert und entwickelt werden?
- Welche organisatorischen, strukturellen und personellen Voraussetzungen sind dafür erforderlich?
- Wie kann dieses Wissen verteilt werden?
- Wie kann es angewendet und zum Beispiel in Innovationen umgesetzt werden?
- Wie können Innovationen dauerhaft hervorgebracht werden?
- Wie können diese Prozesse insgesamt bewertet werden?

Wissensmanagement ist auf die Fähigkeiten, Kenntnisse, Möglichkeiten und Erfordernisse eines Unternehmens zugeschnitten: Standardrezepte gibt es nicht. In keinem Unternehmen sieht Wissensmanagement so aus wie in einem anderen; auf jede Abteilung eines Unternehmens hat Wissensmanagement andere Auswirkungen.

Systematisches Vorgehen aus Analyse, Planung, Umsetzung und Kontrolle

WISSENSMANAGEMENT IST MASSGEFERTIGT UND NICHT VON DER STANGE.

Vier Gestaltungsschritte

ANALYSE	PLANUNG
Das Unternehmen prüft, über welches Wissen es verfügt, welches es aufbauen und welches es abbauen muss.	Das Unternehmen plant, wie es das vorhandene Wissen gestaltet und wie es künftig benötigtes Wissen aufbaut.
UMSETZUNG	**KONTROLLE**
Es entwickelt und gestaltet detailliert einzelne Maßnahmen, wie zum Beispiel Projektgruppen oder ein Intranet.	Der Prozess wird gesteuert und danach bewertet, ob er die Ziele erreichen kann, erreichen wird oder schon erreicht hat.

Abb. 5.1: Der Managementprozess im Überblick

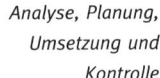

Analyse, Planung, Umsetzung und Kontrolle

Für die Gestaltung des Prozesses gibt es eine Systematik aus den Schritten Analyse, Planung, Umsetzung und Kontrolle, die als flexibler Leitfaden und Gerüst durch die Prozesse genutzt werden kann. Die Schritte hängen eng miteinander zusammen: So wird der Prozess laufend kontrolliert, um Abweichungen zu korrigieren und sicherzustellen, dass die angestrebten Ziele erreicht werden.

5.1 Die Vorbereitung

Wissensmanagement beginnt meist »von oben«

Wissensmanagement wird einer Studie zufolge am häufigsten von der Abteilung für Datenverarbeitung/Organisation (38 Prozent) in Gang gesetzt, rund ein Drittel der Personalabteilungen werden aktiv sowie Forschung und Entwicklung mit 31 Prozent. Knapp die Hälfte der Geschäftsleitungen sind am Startschuss beteiligt.

Die Geschäftsleitung muss sich zum Wissensmanagement bekennen

Entscheidet sich der Vorstand für Wissensmanagement, muss er sich dazu bekennen und wissen, dass sich Prozesse und Strukturen, Denken und Handeln ändern müssen. Dies bedeutet auch, einen eigenen und ausreichenden Etat bereitzustellen.

5.1.1 Pilotbereich auswählen

Zunächst in einem Pilotbereich beginnen

Wissensmanagement beginnt am besten in einem Pilotbereich, wobei die Sicht auf das gesamte Unternehmen gewahrt bleibt, um Wechselwirkungen zu beachten. Die Pilotaktivitäten sind auf etwa drei bis sechs Monate ausgerichtet, überschaubar und umsetzbar.

»THINK BIG – ACT SMALL« – WISSENSMANAGEMENT SOLLTE IN EINEM PILOTBEREICH BEGINNEN.

Schnelle Erfolge sollten gefeiert werden, um die Beteiligten zu motivieren

Diese Politik der kleinen Schritte hat den Vorteil, dass Erfolge früh sichtbar sind, die die Beteiligten motivieren. Läuft etwas nicht so gut, kann dies im nächsten Bereich besser gemacht werden. Schnelle Erfolge sollten gefeiert werden, um die Beteiligten zu motivieren und neue Interessenten aufmerksam zu machen.

Wissenschaftler haben herausgefunden, dass sich neue Themen und Phänomene schrittweise durchsetzen. Es gibt Men-

schen, die Ideen (und Wissen) als Erste aufgreifen, sie werden deshalb »Innovatoren« genannt, ihnen folgen die »Früh-
Adoptoren«, dann schließt sich die »frühe Mehrheit« an.
Zeitlich verzögert folgt die späte Mehrheit. Schlusslicht bilden die »Nachzügler«. Für das Wissensmanagement bedeutet das, zuerst die Innovatoren im Unternehmen zu überzeugen: Der Pilotbereich kann deshalb danach ausgesucht
werden, wo die Aufgeschlossenheit für neue Ideen besonders groß ist. Das restliche Unternehmen blickt noch abwar-
tend auf diesen Bereich, aber die Früh-Adoptoren nehmen
schon Kontakt zum Pilotbereich auf und melden beim Verantwortlichen Interesse an, der zweite Pilotbereich zu sein.
Im Idealfall folgen die frühe und späte Mehrheit.

Die Vorbereitung im Unternehmen vollzieht sich in Phasen

Gibt es typische Pilotbereiche für die Einführung von Wissensmanagement? Das Fraunhofer-Institut für Produktionsanlagen und Konstruktionstechnik hat herausgefunden, dass
die 146 befragten deutschen und europäischen Firmen vor
allem bei operativen Prozessen mit Wissensmanagement
begonnen hatten. Hiervon standen an oberster Stelle:

- das Entwickeln von Produkten und Diensten (51 Prozent),

- das Verständnis von Kunden und Märkten (40 Prozent),

- das Herstellen und Liefern von Produkten und Diensten
  (36 Prozent) und das

- Informationsmanagement (30 Prozent).

Typische Pilotbereiche für die Einführung von Wissensmanagement

5.1.2 Verantwortlichkeiten klären

Damit sich Wissensmanagement dauerhaft entwickeln kann,
werden verantwortliche Funktionen eingerichtet sowie Rollen
und Verantwortlichkeiten geklärt. In den meisten Firmen geschieht dies nicht, was dazu führt, dass keiner weiß, wer für
etwas zuständig und wer verantwortlich ist. Die CRANFIELD
SCHOOL OF MANAGEMENT befragte 1998 260 europäische Firmen aller Größen, wie sie ihr Wissen managen. Ergebnis:
36,3 Prozent hatten keine eigene Position dafür, 15,1 Prozent
gaben an, dass jeder Mitarbeiter dafür verantwortlich sei. Für
das unternehmensweite Wissensmanagement fühlt sich also
niemand verantwortlich. Daher ist es sinnvoll, Schlüsselrollen

*Rollen und Verant-
wortlichkeiten sollten
festgelegt sein*

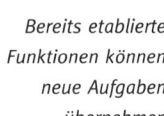

und Kompetenzen von Entscheidungsträgern vorab zu definieren, klar abzugrenzen und dies im Unternehmen zu kommunizieren und fest zu verankern.

Bereits etablierte Funktionen können neue Aufgaben übernehmen

Das systematische Gestalten von Wissen muss nicht zwangsläufig bedeuten, eine zentrale Abteilung aus bisherigen Einzelfunktionen einzurichten (Marktforschung, Bibliothek, Weiterbildung). Vielmehr geht es darum, die (bisherigen) Einzeltätigkeiten gesamtheitlich zu koordinieren.

Es muss deutlich werden, welche Funktionen das Wissensmanagement tragen

Es muss also nicht gleich etwas ganz Neues sein: Oft können bestehende Funktionen wie Bibliothek und Informationsservice umfunktioniert und erweitert werden und so die Aufgabe des Wissensmanagement übernehmen. Allerdings ist es wichtig, dass sie tatsächlich einen entsprechenden Namen tragen, damit den Mitarbeitern deutlich wird, dass Wissensmanagement im Unternehmen künftig wichtiger wird und dass es einen Ansprechpartner im Unternehmen gibt:

Der »Wissensmanager« ist ständiger Verantwortlicher

- Der WISSENSMANAGER (»Chief Knowledge Officer«, CKO) ist ständiger Verantwortlicher für die Gestaltung des Prozesses. In kleineren und mittleren Unternehmen übernimmt diese Aufgabe häufig der Inhaber, der Geschäftsführer oder ein Assistent der Geschäftsleitung. In größeren Unternehmen wird zunehmend die Funktion eines »Wissensmanagers« als Stabsstelle der Geschäftsleitung verankert.

Der Wissensmanager ist mehr als bloßer Datenverwalter

Aber bitte nicht so: Das Marktforschungsinstitut PROBE CONSULTING hat 25 solcher Informationsmanager in amerikanischen Großfirmen interviewt. Die Aufgabe der CKOs besteht überwiegend darin, eine Datenbank zu installieren und dafür zu sorgen, dass Mitarbeiter ihr Wissen dort ablegen. Ein Wissensmanager ist so lediglich Datenverwalter.

Sponsor in der Geschäftsführung

- Der Wissensmanager hat einen SPONSOR IN DER GESCHÄFTSFÜHRUNG (»Chief Executive Officer«), da die Unterstützung des Top-Managements für das Gelingen unabdingbar ist. Der Sponsor kann seine Rolle nach einer bestimmten Zeit an Kollegen weitergeben, zum Beispiel nach drei Jahren.

- PATEN und MENTOREN sind Mitarbeiter, die Neulingen an die Seite gegeben werden, damit sich diese im Unternehmen schnell zurechtfinden. Das Gleiche gilt für jene Mitarbeiter, die in absehbarer Zukunft ausscheiden. Das Wissen dieser Personen kann von einem jüngeren Mentor übernommen werden (siehe auch Teil B, Kapitel 4.7).

Paten und Mentoren sichern das Wissen ausscheidender Mitarbeiter

- Unterstützende Funktionen (»Facilitators«) sind zum Beispiel die Weiterbildungsabteilung und die Bibliothek: Sie decken Wissenspotenziale auf, nutzen Multiplikatoren (Experten), sie erkennen Wissens- und Lernbarrieren und bauen diese ab. Das schnelle Aufdecken von Wissenspotenzialen verhindert zeitraubendes Suchen der Mitarbeiter nach vorhandenem Wissen im Unternehmen und außerhalb. Das Nutzen von Multiplikatoren dient dem schnellen unternehmensweiten Verbreiten des Wissens. Hier fungieren Foren und Zentren als wichtige Hebel, die mit geringem Aufwand hohe Reichweite und große Wirkung erzielen.

Foren und Zentren dienen als Multiplikatoren von Wissen

- Verantwortliche für Wissen: Jedes Gremium in einem Unternehmen bestimmt einen Verantwortlichen, der für jede Sitzung bestimmt, welches relevante Wissen entstanden ist, wie es dokumentiert und transferiert und ob es Vorschläge gibt, wie es angewendet wird.

Jedes Gremium bestimmt einen für Dokumentation und Anwendung von Wissen Verantwortlichen

5.1.3 Projektgruppe installieren

Es ist auf Grund bisheriger Erfahrungen in jedem Fall ratsam, für die weiteren Aktivitäten ein Projekt zu gründen, in das unterschiedliche Vertreter des Unternehmens einbezogen sind.

Eine Projektgruppe ist sehr ratsam

Die Projektgruppe besteht je nach Größe des Unternehmens und seiner Struktur aus vier bis sieben Mitarbeitern, die aus den wichtigsten Bereichen des Unternehmens kommen – Personalabteilung, Forschung und Entwicklung, Produktion, Marketing und Kommunikation sowie Datenverarbeitung. Nur so kommen die betriebswirtschaftlichen Kenntnisse, Organisationswissen und technisches Know-how zusammen, das für eine erfolgreiche Durchführung erforderlich ist. Da der Prozess viele Schulungsmaßnahmen umfassen wird, ist auch ein Mitarbeiter der Weiterbildungsabteilung dabei.

Im Projekt fließen betriebswirtschaftliche Kenntnisse, Organisationswissen und technisches Know-how zusammen

Der Projektgruppe übergeordnet ist ein Lenkungsausschuss aus wenigen Unternehmensvertretern (etwa zwei bis fünf), die den Prozess verfolgen und wegweisende Entscheidungen

Ein Lenkungsausschuss trifft wegweisende Entscheidungen

treffen. Der Lenkungsausschuss ist Anlaufstelle für Probleme und Konflikte, die im Projekt nicht gelöst werden können, er wacht über den Fortschritt der Umsetzung und verabschiedet die Projektergebnisse.

Die ersten Schritte

Erfahrungen in Projekten dokumentieren

Dem Projekt stellen sich folgende Aufgaben (zur Projektarbeit siehe die Literaturhinweise im Serviceteil):

• Der Projektleiter wählt die Projektmitarbeiter aus und stellt das Team zusammen; er erstellt Projektpläne, Zeit- und Kostenpläne, er organisiert, koordiniert und unterstützt fachlich die Projektarbeit. Er bereinigt Konflikte, ist Nahtstelle zur Geschäftsleitung, verarbeitet die unterschiedlichen Projektergebnisse und stellt sie der Geschäftsleitung vor.

• Der Projektleiter ist verantwortlich für externe Berater. Er gestaltet Arbeitsmethoden, Umgangsstil und Klima. Er ist Ansprechpartner für Konflikte, die während des Prozesses im Unternehmen entstehen, zum Beispiel zwischen Mitarbeitern und Führungskräften. Dieser Beauftragte sollte Autorität besitzen, konsequent sein und übergreifende Kompetenzen haben – meist ein Topmanager. Und: Er sollte für den Prozess von seinen Aufgaben freigestellt sein.

5.1.4 Gemeinsames Verständnis herstellen

Wichtig: Verständnis und Erwartungen klären

Die Projektarbeit muss langsam anlaufen: Die Mitglieder kennen sich vielleicht noch nicht und müssen erst zueinander finden. Hilfreich sind vereinbarte Grundregeln für die Zusammenarbeit, die im Protokoll schriftlich festgehalten werden.

Die Praxis zeigt, wie wichtig gemeinsames Verständnis an das Wissensmanagement sind. Ein häufiger Grund für Enttäuschungen sind nämlich die hohen Erwartungen, die das Wissensmanagement nicht erfüllen kann, zum Beispiel, weil dies firmeninterne Gründe verhindern.

WISSENSMANAGEMENT SOLL

• die Produktqualität verbessern,
• die Innovationsfähigkeit erhöhen,

- die Kundennähe verbessern,
- die Kosten senken,
- die Produktivität erhöhen,
- die Kreativität fördern,
- die Durchlaufzeiten minimieren,
- das Wachstum steigern.

Fraunhofer-Institut für Arbeitswissenschaft und Organisation, AIO

Abb. 5.2: Erwartungen der Firmen an Wissensmanagement

Es gibt viel zu tun ...

Auf Basis des erarbeiteten Projektverständnisses wird der zeitliche und finanzielle Rahmen des Projektes festgelegt, ein externer Berater kann durch seine Kenntnisse und seine Erfahrungen Unterstützung leisten.

Der Aufbau von Wissensmanagement dauert etwa drei bis fünf Jahre. Vor allem in den ersten beiden Jahren gibt es viel zu tun, da die Ausgangssituation untersucht, Probleme aufgedeckt und Konturen ausgearbeitet werden müssen. Später kehrt Routine ein, das Umsetzen der Maßnahmen erfolgt langfristig und ist in den Arbeitsalltag eingebettet.

Der Aufbau von Wissensmanagement dauert etwa drei bis fünf Jahre

Trotz aller Vorbereitung und des Bemühens um Austausch werden Missverständnisse und Konflikte im laufenden Veränderungsprozess auftreten. Sie sind nicht durch die Veränderung selbst verursacht, sondern von der Art, in der das Unternehmen bisher mit Problemen umgegangen ist. Deshalb sollten ständiges Beobachten, Prüfen und Feed-back aus dem Unternehmen von Anfang an eingeplant sein.

Ständiges Beobachten, Prüfen und Feed-back aus dem Unternehmen sollten von Anfang an eingeplant sein

FRAGEN ZUM PROJEKTSTART

- Was versteht die Gruppe unter Wissensmanagement (Wissen, Wissensträger, Wissensinhalte)?
- Sieht sie Wissensmanagement als Schnellschuss oder als langfristigen, kontinuierlichen Prozess?

- Welche Bedingungen muss das Projektteam schaffen, um Wissensmanagement umzusetzen?
- Welches Verständnis besteht über Rollen und Aufgaben des Projektteams?
- Wie nehmen alle Mitglieder die Ausgangssituation wahr?
- Wie beschreibt jedes einzelne Mitglied seine Vision vom »veränderten Unternehmen«?
- Welche Befürchtungen haben die Mitglieder des Projektteams in Bezug auf die geplante Veränderung, zum Beispiel im Hinblick auf die zur Verfügung stehende Zeit, die fachliche Unterstützung, ausreichende finanzielle Ressourcen und das Umsetzen von Maßnahmen?

Abb. 5.3: Fragen zum Start eines Wissensprojektes

5.1.5 Aufbau einer kontinuierlichen Kommunikation

Mitarbeiter können sich früh informieren

Schon nach der Entscheidung der Geschäftsleitung und Gründung der Projektgruppe werden – falls nicht ohnehin in der Projektgruppe vertreten – die Arbeitnehmervertretungen, Führungskräfte und Mitarbeiter über den geplanten Prozess, seine Ziele und das Vorgehen informiert und danach kontinuierlich auf dem Laufenden gehalten.

Eine offene und aktive Kommunikationspolitik ist entscheidend für das Gelingen des Prozesses

Eine offene und aktive Kommunikationspolitik ist entscheidend für das Gelingen des Prozesses: Die Mitarbeiter sind Betroffene, die Wissensmanagement leben müssen. Sie sollten daher in den Prozess eingebunden sein, damit keine Veränderungen über ihre Köpfe hinweg angeordnet werden. Eine Informationsveranstaltung vor der gesamten Belegschaft kann nur der Auftakt zu einem dauerhaften Gespräch sein.

Ziel der Internen Kommunikation ist es, ein gemeinsames Bild vom künftigen Unternehmen zu entwerfen und zu leben (siehe auch Kapitel 4).

DAS SOLLTEN DIE MITARBEITER WISSEN

- Was ist geplant?
- Wie wirkt sich dies auf das Unternehmen aus?

- Wie und wann sind die Mitarbeiter an ihrem Arbeitsplatz von der Veränderung betroffen?
- Was können sie beitragen und was wird von ihnen erwartet?
- Welche Maßnahmen wünschen sich die Mitarbeiter, um sich vorzubereiten?
- Was erwartet und was befürchtet die Belegschaft in Bezug auf diese Veränderungen?

Abb. 5.4: Inhalte der Mitarbeiterkommunikation

5.2 Die Analyse

5.2.1 Bestandsaufnahme

Der Vorbereitung folgt die Bestandsaufnahme: In vielen Unternehmen ist unklar, wer etwas weiß, wo die Experten sitzen, über welches Wissen sie verfügen und an welchen Projekten sie arbeiten. Im ersten Schritt stellt daher das Projektteam fest, welches Wissen intern und extern vorhanden und welches Wissen benötigt wird. Diese Bestandsaufnahme wird für die Kernprozesse des Unternehmens (bzw. im Pilotbereich) erstellt, damit Wissens- und Geschäftsmanagement verbunden sind.

Welches Wissen ist in welchen Kernprozessen vorhanden?

Ein englischer Finanzdienstleister hat sich zum Beispiel einzig auf sein internes Wissen konzentriert (Erfahrungswissen) und NICHT auf jenes, das seine Mitarbeiter in Büchern und in Universitäten finden können. Das Identifizieren erfolgte über die Befragung von Kollegen, wurde auf Videos dokumentiert und weltweit in die Tochtergesellschaften verteilt.

Welches Wissen soll gefördert werden?

Die Bestandsaufnahme beinhaltet auch

- das Prüfen der individuellen und kollektiven Lernprozesse, also wie Einzelne und Unternehmen lernen,
- das Aufdecken von typischen Wissens- und Lernbarrieren,
- das Bewerten der bisherigen Aktivitäten im Informations- und Wissensmanagement, weil diese weiter optimiert werden können, ohne das Rad neu erfinden zu müssen.

Wie lernen Einzelne und Gruppen?

Wo liegen typische Lernbarrieren?

FRAGEN ZUR AKTUELLEN SITUATION

- Gibt es eine Vision zum Umgang mit Wissen und ist diese Vision bekannt?
- Liegt ein Konzept für den Umgang mit Wissen vor?
- Gibt es Vordenker und Vorbilder für den Umgang mit Wissen?
- Welches sind die Grundregeln für den Umgang mit Wissen? Wer kennt sie?
- Erhalten alle die Informationen, die sie brauchen?
- Ist den Mitarbeitern die Bedeutung von Wissen als Produktionsfaktor bewusst?
- Haben die Mitarbeiter den erforderlichen Zugang zu den Instrumenten, wie zum Beispiel Hardware, Software und Ausbildung?
- Gibt es Standards für die Qualität von Wissen? Sind diese bekannt?
- Werden die Leistungen von Wissensproduzenten anerkannt?
- Gibt es ein Training für spezielle Wissensproduzenten?
- Gibt es einen Bedarf an Wissen und Wissensmanagement im Unternehmen?
- Wie kann dieser Bedarf nach den Wünschen und Erwartungen der Mitarbeiter gedeckt werden? (Inhalte und Medien)
- Welche unterschiedlichen Personen und Zielgruppen lassen sich hierbei ausmachen?
- Wie werden die bisherigen Aktivitäten zum Wissensmanagement eingeschätzt?
- Welche Rolle nimmt das Wissensmanagement bei der Gestaltung und Entwicklung von Geschäftsprozessen ein?
- Welches Wissen gibt es bereits?
- Welches Wissen ist erforderlich? Wer braucht es?
- Wie kann dieses Wissen beschafft werden?
- Kann sich das Wissensmanagement das erforderliche Wissen selbst erarbeiten oder muss es Wissen von außen einkaufen?

- Welche Prozesse sind erforderlich?
- Welche Kultur ist hierfür notwendig?
- Welche Organisationsstruktur muss geschaffen werden?
- Welche Informationstechnologie muss zur Verfügung stehen?
- Welche Experten gibt es?
- Welche Beiträge leisten diese Experten?
- Welche Wissensträger (über kritisches Wissen) sind vorhanden?
- Nach welchen Mustern wird Wissen verteilt?
- Welche internen Netzwerke sind von Bedeutung?

Abb. 5.5: Fragen für eine Bestandsaufnahme

Der Blick in die Zukunft darf nicht fehlen

Mindestens so wichtig wie der Blick in die Gegenwart ist der Blick in die Zukunft: Er kann Chancen zu Tage fördern, aber auch Risiken erkennen lassen, auf die sich ein Unternehmen einstellen muss, z.B. durch Änderungen in Strukturen, Prozessen und Verhalten. So ist abzusehen, dass die Bedeutung von Intranet und Videokonferenzen steigen wird, wofür schon heute Geld, Zeit und Personal geplant werden müssen.

Entwicklungen können eine wichtige Rolle spielen

Diese Fragen zeigen, dass die Mitarbeiter unbedingt in eine Bestandsaufnahme einbezogen sein sollten. Als Instrumente dienen zum Beispiel Fragebögen und (Gruppen-)Interviews. (Zu diesen Instrumenten siehe die Bücher »Corporate Identity« und »Interne Kommunikation« von Dieter Herbst).

FRAGEN ZUR KÜNFTIGEN SITUATION
- Welches Wissen wird langfristig benötigt?
- Wie kann sich das Unternehmen dieses Wissen sichern?
- Kann es sich das Wissen selbst erarbeiten oder muss es Wissen von außen einkaufen?
- Welche Erwartungen haben die Mitarbeiter an künftige Wissensprozesse?

- Wie kann dieses Wissen gespeichert, verteilt, angewendet und kontrolliert werden?
- Welche Unternehmenskultur ist künftig erforderlich?
- Welche Organisation ist hierfür erforderlich?
- Welche Informationstechnologie ist erforderlich?

Abb. 5.6: Fragen zur künftigen Situation

5.2.2 Stärken und Schwächen bewerten

Stärken nutzen und Schwächen bearbeiten

Die in der Bestandsaufnahme gesammelten Daten werden verdichtet und im Hinblick auf gegenwärtige Stärken und Schwächen sowie künftige Chancen und Risiken bewertet. Eine Stärke ist, wenn das Unternehmen über von der Konkurrenz nur schwer kopierbares Wissen verfügt. Eine Schwäche ist, wenn dieses Wissen nicht systematisch erfasst ist und die Mitarbeiter nicht angemessen darauf zugreifen können. Die Aufgabe für das Wissensmanagement wäre, das Wissen systematisch zu erfassen, zu strukturieren und den Mitarbeitern gezielt zugänglich zu machen. Eine Schwäche kann auch sein, dass sich zu viel veraltete Informationen im Unternehmen befinden, von denen sich das Unternehmen lösen sollte. Dies ist häufig schwerer, als neues Wissen aufzubauen, weil etabliertes Wissen eng an die Unternehmenskultur (Bewahren versus Wandel) gebunden ist.

ZWEI TIPPS:

Nur exakt formulierte Schwächen lassen sich gezielt angehen

1. Je genauer die Schwächen formuliert sind, desto genauer kann das Problem gelöst werden. Eine Formulierung wie: *»Die Weitergabe von Wissen klappt nicht«* reicht nicht aus, denn: Was wären die Konsequenzen? Genauer ist: *»Die Weitergabe von Wissen von A nach B verzögert sich an Stelle C um die Größe D«.* Diese detaillierte Formulierung ermöglicht, eine konkrete Aufgabe sowie ein genaues Ziel abzuleiten (siehe auch Kapitel 5.3).

2. Alle Stärken und Schwächen sollten sorgfältig aufgedeckt werden. Wird eine gravierende Schwäche übersehen, könnte dies den weiteren Verlauf erheblich stören.

Prioritäten lenken die Ressourcen

Bestandteil der Stärken-und-Schwächen-Analyse ist eine Bewertung des aktuell vorhandenen und benötigten Wissens (Ist-Profil) sowie des künftig erforderlichen Wissens (Soll-Profil). Dies zeigt, wo bestehendes Wissen verteilt und wo neues Wissen aufgebaut werden muss. Das Ergebnis der Priorisierung lässt sich durch ein anschauliches Wissensportfolio darstellen.

Wo muss bestehendes Wissen verteilt, wo fehlendes Wissen aufgebaut werden?

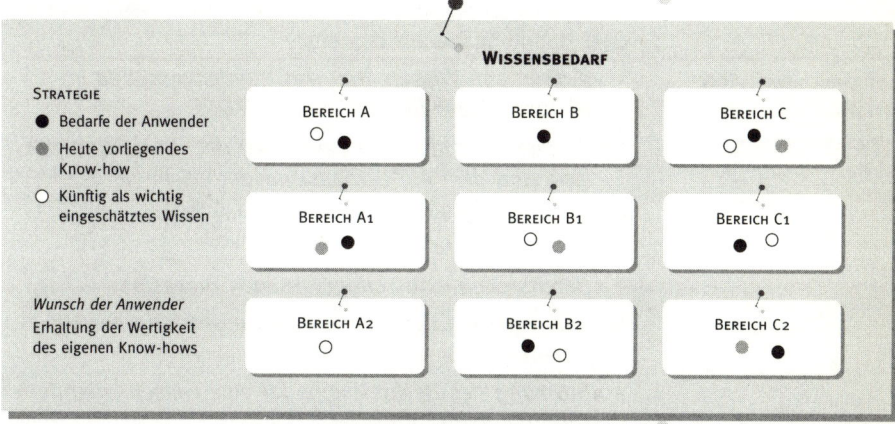

Abb. 5.7: Ein Wissensportfolio schafft Überblick!

Dieses Wissen sollte aus Gründen der begrenzten Ressourcen mit Blick auf seinen Einfluss auf den Unternehmenswert gewichtet werden. Die Priorisierung erfolgt anhand der Eigenschaften »wichtig« und »eilig«: Priorität A haben alle Maßnahmen, die wichtig und eilig sind. Vernachlässigt oder ignoriert werden solche Maßnahmen, die weder wichtig noch eilig sind.

Wissen als wichtig und eilig bewerten

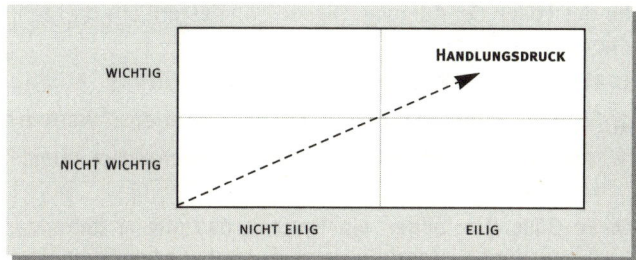

Abb. 5.8: Setzen von Prioritäten

Wissen ist ein Wert-
treiber im Unternehmen

Noch einmal: Wissen muss dazu dienen, die Kernkompetenzen eines Unternehmens auszubauen, damit es sich strategische Wettbewerbsvorteile verschaffen kann. Wissen ist ein Werttreiber im Unternehmen.

5.2.3 Aufgabe formulieren

Wo besteht
Handlungsbedarf?

Ergebnis der Bewertung von Stärken und Schwächen ist eine exakte Aufgabenstellung für das Wissensmanagement: Die Verantwortlichen wissen, wo die Probleme liegen und welcher Handlungsbedarf besteht:

Anforderungen an das
Wissensmanagement
sind konkret formuliert

- *»Aufbau von Wissen über das Kundenverhalten im Bereich X oder für das Produkt Y«*

- *»Wissen muss dauerhaft zwischen der Produktentwicklung und dem Außendienst ausgetauscht werden«*

- *»Im Bereich X muss das vorhandene Wissen auf seine Aktualität geprüft werden«*

- *»Bereitstellen eines angemessenen Budgets«*

- *»Verbesserung der technischen Ausstattung der Mitarbeiter«*

- *»Stärkung des Bewusstseins für eine wissensorientierte Unternehmenskultur«*

- *»Aufbau von Wissen über das Verhalten von Mittbewerber Y im Marktsegment X«*

Wie diese Aufgaben jeweils gelöst werden, legt die Planung fest.

5.3 Die Planung

Das Lösungskonzept
besteht aus Zielen,
Strategien und Maß
nahmen

Die Planung besteht aus einem in sich stimmigen Gesamtplan für das Lösen der Aufgabe. Dieser Plan besteht aus drei zentralen Bausteinen:

1. Wissensziele: Was genau soll erreicht sein?
2. Strategien: Auf welchem Weg soll dies erreicht werden?
3. Maßnahmen: Mit welchen Instrumenten soll dies erreicht werden?

Diese Bausteine bilden ein System, das alle anstehenden Entscheidungen integriert, denn sie sind allesamt darauf gerichtet, das Lösungskonzept umzusetzen.

5.3.1 Wissensziele

Ziele formulieren einen angestrebten Zustand, der innerhalb einer bestimmten Zeit erreicht sein soll. Das Setzen von Zielen dient dem

Ziele legen messbare Endpunkte fest

- **KOORDINIEREN**: Alle Aktivitäten sind auf ein Ziel ausgerichtet. Dies betrifft auch den Einsatz von Personal, Geld und Energie der Beteiligten. Wenn kein Ziel verfolgt wird, ist jeder Weg der richtige.

Ziele koordinieren Maßnahmen

- **KONTROLLIEREN**: Ein präzise formuliertes Ziel ermöglicht zu prüfen, ob der angestrebte Zustand erreicht ist. Aussagen wie »Wissen besser nutzen« oder »Kundenzufriedenheit optimieren« eignen sich hierfür nicht. Durch Zwischenziele kann frühzeitig kontrolliert werden, ob das Ziel unter den gegebenen Umständen erreicht werden kann. Sind die Ziele unklar und ungenau formuliert oder nicht messbar, kann hinterher der Erfolg kaum bewertet und Maßnahmen können nicht verbessert werden (siehe auch Kapitel 5.5).

Ziele ermöglichen Kontrolle

- **MOTIVIEREN**: Das Erreichen von Zielen kann genutzt werden, die Beteiligten für die weitere Arbeit anzuspornen: Eine Belohnung winkt, wenn das Ziel (vorzeitig) erreicht wird.

Ziele motivieren

OHNE ZIEL IST JEDER WEG DER RICHTIGE: ZIELE SIND VORAUSSETZUNG FÜR ERFOLGREICHES HANDELN!

Es gibt einige Anforderungen, die an das Formulieren von Zielen gestellt werden müssen: Sie sind

Anforderungen an Ziele:

- **HANDHABBAR**, damit sie umgesetzt werden können,

Handhabbarkeit

- **PRÄZISE** formuliert, damit sie Grundlage für Entscheidungen sein können,

Präzision

- **MESSBAR**, damit sie kontrollierbar sind.

Messbarkeit

Ein Ziel besteht aus mehreren Dimensionen:

Zieldimensionen:

- Der **INHALT** sagt aus, welcher Zustand angestrebt wird, zum Beispiel Wissen über Kunden und deren Erwartungen an ein Produkt.

Inhalt

- Das **AUSMASS** legt fest, wie viel erreicht werden soll. Dies ist wichtig, um die Intensität der Maßnahmen festzulegen,

Ausmaß

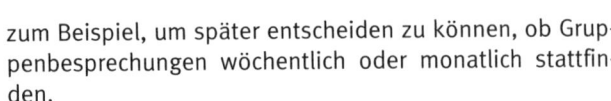

zum Beispiel, um später entscheiden zu können, ob Gruppenbesprechungen wöchentlich oder monatlich stattfinden.

Richtung

- Die RICHTUNG gibt an, ob etwas aufgebaut, gehalten oder abgebaut wird.

Zeitpunkt

- Der ZEITPUNKT legt exakt fest, wann etwas erreicht sein soll.

Nur wenn diese Bedingungen erfüllt sind, lassen sich Maßnahmen für die Umsetzung bestimmen. Je genauer ein Ziel formuliert ist, desto eher kann der Erfolg von Wissensmanagement geprüft werden.

Ein Bild soll dies verdeutlichen: Ein Marathonläufer setzt sich ein Ziel, das er nicht aus den Augen lässt: sei es, Sieger des Laufes zu werden; sei es, einen Mittelplatz zu erreichen. Nur wenn er sein Ziel kennt, kann er sein Tempo sinnvoll beschleunigen, verlangsamen und seine Kräfte optimal einteilen. Zwischenziele (Etappenziele) helfen ihm zusätzlich, das Erreichen des Zieles zu gewährleisten. Hier die Regel – dort die Ausnahme: Was für Läufer selbstverständlich ist, wird bisher im Wissensmanagement kaum gemacht: Die Verantwortlichen setzen sich keine Ziele. Aber was nutzt alle Mühe, wenn nicht feststeht, was erreicht werden soll?

Wissensziele

DAS SIND WISSENSZIELE

- *»In zwei Monaten ist die Zugriffszeit auf die Wissensquelle A um die Hälfte gestiegen.«*

- *»In einem Monat hat sich der Zeitaufwand für die Suche nach der Information B um ein Viertel reduziert.«*

- *»In sechs Monaten ist die Produktivität durch direkten Zugriff der Mitarbeiter auf Informationen um 25 Prozent gestiegen.«*

- *»In einem halben Jahr ist die Zahl der mehrfach ausgeführten Arbeiten um 30 Prozent gesunken.«*

- *»Der Arbeitsablauf X ist durch ständigen Informationszugang um die Hälfte schneller geworden.«*

- *»In drei Monaten ist die Zahl der Übertragungsfehler um 25 Prozent gesunken.«*

- *»Die mittlere Dauer von Entscheidungsfindungs-prozessen hat sich zum Zeitpunkt X um 40 Prozent verkürzt.«*
- *»In drei Monaten ist der Papierumlauf um die Hälfte gesunken.«*
- *»In drei Jahren geben 25 Prozent mehr Kunden an, dass sie sich intensiv betreut fühlen.«*

Abb. 5.9: Beispiele für Wissensziele

In mehreren Schritten zum Ziel

Wie werden Wissensziele für das gesamte Unternehmen entwickelt und für jeden Mitarbeiter konkretisiert?

Schritte zur Bestimmung der Wissensziele

- Die Wissensziele werden aus den übergeordneten strategischen Unternehmenszielen abgeleitet. Strategische Unternehmensziele sind zum Beispiel die Steigerung der Rentabilität, höhere Produktqualität, Flexibilität der Prozesse. Die abgeleiteten Wissensziele geben an, welchen Beitrag die Ressource »Wissen« zum Erreichen der Unternehmensziele beitragen soll.
- Die Wissensziele werden daraufhin geprüft, dass sie nicht anderen Funktionszielen widersprechen, zum Beispiel den Finanz- und Marketingzielen.

UNTERNEHMENSSTRATEGIE	→ WISSENSZIELE
Steigerung des Unternehmenswertes durch Internationalisierung	→ Wissen und Informationen über Wettbewerber und mögliche Partner
Expansion in neue Märkte	→ Wissen und Informationen über potenzielle Märkte und Zielgruppen
Qualitätsführerschaft	→ Wissen und Informationen über Produkte und Herstellverfahren
Kostenführerschaft	→ Wissen und Informationen über Prozesse, Rohstoffe, Herstellverfahren
Mitarbeiteridentifikation	→ Wissen und Informationen über Wünsche und Erwartungen der Mitarbeiter

Abb. 5.10: Wissensziele leiten sich aus den strategischen Unternehmenszielen ab

Die Management-Beratung ARTHUR ANDERSEN befragte 1997 insgesamt 124 Unternehmen, die aktiv Wissensmanagement betreiben, nach ihren Wissenszielen. Ergebnis:

Welche Wissensziele haben Unternehmen?

- 41 Prozent nannten die Verbesserung der Produkte und Dienstleistungen,
- 25 Prozent die Erhöhung der Mitarbeiterzufriedenheit,
- 23 Prozent die Erhöhung der Kundenorientierung und
- 11 Prozent die Stärkung der Marktposition.

Von oben nach unten ...

• Die auf oberster Unternehmensebene formulierten Wissensziele werden so weit im Unternehmen konkretisiert (»heruntergebrochen«), bis jeder Bereich, jede Abteilung und jeder Mitarbeiter weiß, welchen Beitrag er zum Erreichen der Ziele beitragen kann. Dies geschieht folgendermaßen: Die Unternehmensleitung erarbeitet mit den Leitern der nächsten beiden Ebenen (zum Beispiel Fachbereichsleiter und Hauptabteilungsleiter) deren Ziele. Im nächsten Schritt verschiebt sich diese Konstellation eine Ebene tiefer, sodass Fachbereichsleiter, Hauptabteilungsleiter und Abteilungsleiter die Ziele besprechen. Schon auf der nächsten Stufe sind die Meister einbezogen – die Verbindung zur untersten Ebene der Mitarbeiter ist hergestellt. Zum Beispiel im Mitarbeitergespräch werden die individuellen Ziele besprochen (siehe auch Abbildung 5.12).

... und von unten nach oben

• Dieser Prozess setzt sich in die andere Richtung fort: Das bedeutet, es gibt ein Feed-back von »unten« nach »oben«. So kann die Geschäftsführung erfahren, wenn die auf der obersten Ebene festgelegten Wissensziele nicht ohne weiteres »an der Basis« umgesetzt werden können.

Komplexer Managementprozess

Spätestens hier wird deutlich, um welchen komplexen Managementprozess es sich hier handelt. Er erfordert Kenntnisse in Betriebswirtschaft, Kommunikation, Psychologie, Organisation und Informationstechnologie.

VERSUCHE DER INFORMATIKABTEILUNGEN, DIE ALLEIN AUF EINE TECHNISCHE LÖSUNG FÜR DAS WISSENSMANAGEMENT ABZIELEN, SIND ZUM SCHEITERN VERURTEILT.

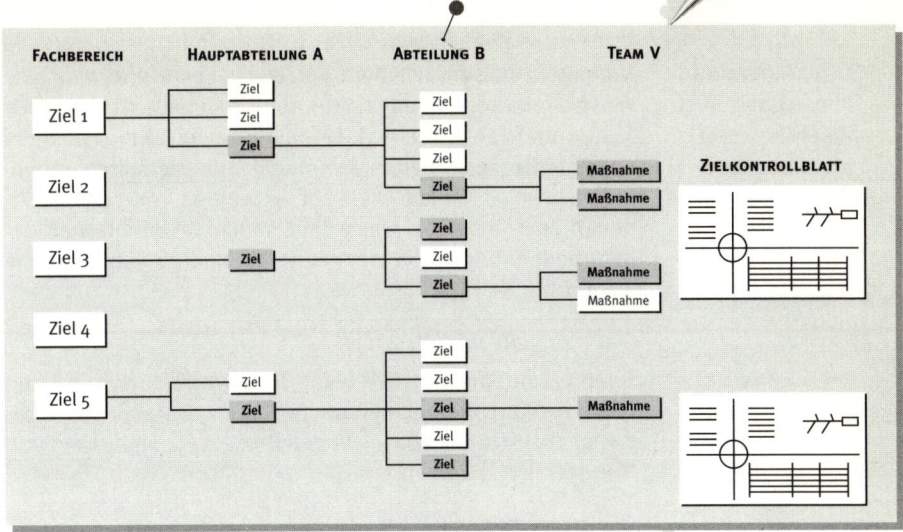

Abb. 5.11: System der Wissensziele
(Quelle: Dr. Tilman Prüsse, SCHERING)

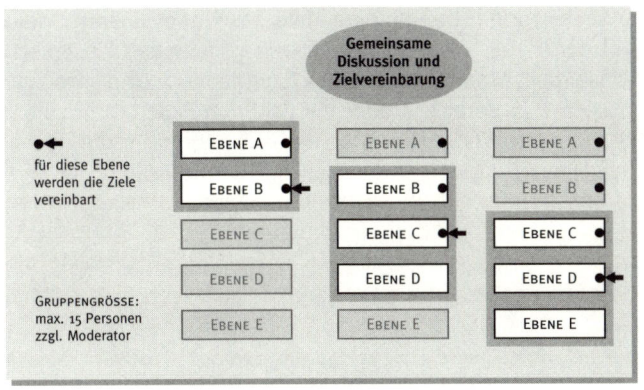

Abb. 5.12: Ebenenmodell der Zielformulierung
(Quelle: Dr. Tilmann Prüsse, SCHERING)

Drei Arten von Wissenszielen

Es ist sinnvoll, drei Arten von Wissenszielen zu unterscheiden, damit deutlich wird, welcher Fokus beim Wissensmanagement beachtet werden muss. Diese Ziele ergänzen sich:

Es gibt normative, strategische und operative Wissensziele

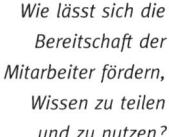

NORMATIVE WISSENSZIELE

Wie lässt sich die Bereitschaft der Mitarbeiter fördern, Wissen zu teilen und zu nutzen?

Normative Wissensziele formulieren die Erwartungen an eine wissensfördernde Firmenkultur, die Offenheit und Vertrauen fördert und Fehler toleriert. Normative Ziele können also ein angestrebtes geändertes Kommunikationsverhalten formulieren oder die Bereitschaft zur Akzeptanz von Fehlern bei neuartigem Verhalten. Diese Ziele sollen die Bereitschaft der Mitarbeiter steigern, Wissen zu teilen und zu nutzen (siehe ausführlich Teil B).

STRATEGISCHE WISSENSZIELE

Welches Wissen ist langfristig wichtig?

Strategische Wissensziele legen fest, welches Wissen langfristig für das Unternehmen wichtig ist. Dies erlaubt eine frühzeitige Ausrichtung von wichtigen Prozessen, Strukturen und Managementsystemen.

OPERATIVE WISSENSZIELE

Welches Wissen wird für die konkrete tägliche Arbeit benötigt?

Die operativen Ziele ermöglichen, die langfristigen Ziele in einem kurzfristigen Handlungsrahmen umzusetzen. Die Frage ist, welches Wissen für die tägliche Arbeit benötigt wird. Diese Umsetzung soll verhindern, dass das Wissensmanagement auf der Stabs- oder Strategieebene verkümmert. Beispielsweise das Vorhandensein eines Expertenverzeichnisses zum Wissen B in Bereich A oder die Zahl von Experten in einem bestimmten Wissensbereich sind Indikatoren für die operative Umsetzung von strategischen Wissenszielen.

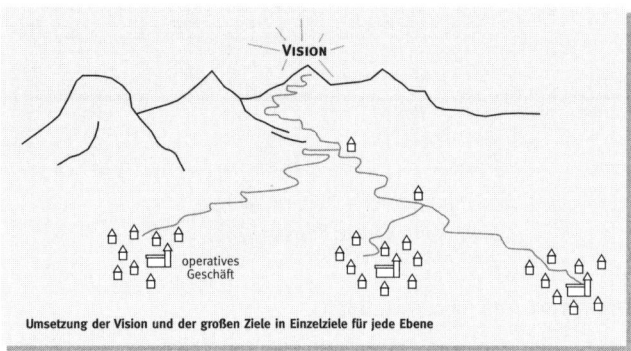

Abb. 5.13: Von der Vision zu operativen Zielen
(Quelle: Dr. Tilmann Prüsse, SCHERING)

5.3.2 Strategie

Die Strategie ist ein langfristiger Verhaltensplan, der den Weg zum Ziel festlegt: Ein Unternehmen kann sich das Ziel setzen, die Hälfte seines Umsatzes mit Produkten zu erzielen, die jünger als vier Jahre sind. Strategien, dies zu erreichen, können sein: Konzentration auf den Umsatz mit Neuprodukten, Erhöhen der Zahl der Patente, Verkürzen der Entwicklungszeit für Produkte und das Erweitern des Kundenstamms. Eine andere strategische Entscheidung ist zum Beispiel, ob Wissen selbst erzeugt oder von außen erworben wird (siehe ausführlich Teil B, Kapitel 1).

Die Strategie ist der Weg zum Ziel

Manche vergleichen die Strategie mit einem Dach, unter dem sich die Einzelschritte befinden. Ein anderes Bild der Strategie ist das einer Leitplanke, die einen Autofahrer in der richtigen Richtung hält. Ergänzend stellt die Taktik jene Einzelschritte dar, die sich der großen Linie der Strategie unterordnen:

Die Strategie ist der Weg für die taktischen Einzelschritte

- Lautet die Strategie für den Aufbau von Wissen, dies im Unternehmen selbst zu entwickeln, wären die Einzelschritte das Einrichten von Lernstätten, Denkräumen oder Expertenrunden (siehe Teil B, Kapitel 1.2).

- Lautet die Strategie dagegen, Wissen von außen zu erwerben, könnten Einzelschritte sein, mit einem Institut zu kooperieren oder einen Berater zu engagieren (siehe Teil B, Kapitel 1.2).

Das Festlegen von Strategie und Taktik hat den Vorteil, dass ein breites Spektrum an Maßnahmen und Projekten eingegrenzt wird. Kurzfristige Maßnahmen können zuverlässiger entschieden werden, weil sie an der übergeordneten Strategie ausgerichtet sind. So kann die Einführung von Computern zur Wissensspeicherung

Strategie und Taktik grenzen ein breites Spektrum möglicher Maßnahmen ein

- in Etappen zum letzten Quartal eines Jahres erfolgen oder
- auf einmal in großer Stückzahl im ersten Jahr (gutes Geschäftsergebnis) und dann in einer geringeren Stückzahl in den beiden Folgejahren.

Beispiele für Strategien: personifiziert oder kodifiziert

Eine wichtige Strategie betrifft die Frage, ob Wissen in einem Unternehmen an Personen gebunden oder in Dokumenten

Bleibt das Wissen an Träger gebunden oder nicht?

festgehalten und verteilt werden sollte. Beides hat seine Vor-
und Nachteile:

Sehr komplexes indivi-
duelles Spezialwissen
kann oft nur persönlich
weitergegeben werden

- Bleibt Wissen an den Träger gebunden und wird nicht
schriftlich fixiert und verteilt, muss ein intensiver Austausch
über persönliche Gespräche stattfinden. Diese Strategie
sollte eher von solchen Firmen verfolgt werden, die über
individuelles Spezialwissen verfügen, das auf Grund seiner Komplexität sehr erklärungsbedürftig ist und kaum
systematisiert werden kann (zum Beispiel in Beratungsunternehmen). Vorteil: Die individuelle Leistung kann teu-
rer verkauft werden als eine standardisierte. Der Nachteil
ist das intensive Training für die Beteiligten und der aufwändige Austausch im Team.

Über Datennetze kann
Wissen verteilt und
wieder verwendet
werden

- Bleibt Wissen nicht an den Träger gebunden, sondern wird
schriftlich fixiert und an andere Mitarbeiter weitergegeben,
spielt der Computer die vorherrschende Rolle. Der Vorteil
ist, dass Wissen verteilt und wieder verwendet werden
kann. Dies spart Arbeit, Zeit und Kommunikationskosten.
Nachteilig kann sein, dass Inhalte erklärungsbedürftig sind
und besser persönlich weitergegeben.

Die Wahl hängt von
der Branche und den
Produkten ab

Welchen Weg ein Unternehmen beschreitet, hängt von seiner Branche und seinen Produkten ab: Untersuchungen haben herausgefunden, dass Wissen dort vom Träger gelöst
werden sollte, wo Unternehmen standardisierte Produkte
und Dienstleistungen anbieten, wie zum Beispiel ein Com-
puterhersteller. Individuelles Wissen sollten jene Firmen gestalten, die vor allem auf den Kunden zugeschnittene, individuelle Lösungen anbieten.

Beide Strategien schließen sich selbstverständlich nicht aus
und können kombiniert werden, aber es sollte geprüft werden, wo der Schwerpunkt liegt.

Mögliche Strategien
beim Aufbau eines
Wissensmanagements

STRATEGIEN – DIE QUAL DER WAHL

- Wird Wissen selbst aufgebaut oder von außen gekauft?
- Wird Wissen implizit gehalten oder explizit?
- Wird Wissen gezielt verbreitet oder breit gestreut?
- Wird Wissen zentriert oder in Funktionen verteilt?

- Wird Wissen formal verteilt oder auf dem Wege informellen Austauschs verbreitet?
- Wird Wissen schwerpunktmäßig von Mitarbeitern, Gruppen oder der Organisation getragen?
- Wird Wissen dauerhaft bewahrt oder schnell geändert?
- Führt das Wissen zu einer neuen Firmenorganisation oder bleibt die Struktur, wie sie ist?

Abb. 5.14: Beispiele für strategische Fragen

5.3.3 Maßnahmen

Nachdem feststeht, »was« erreicht werden soll (Ziel) und »auf welchem Weg« (Strategie), wird das »Wie« (Maßnahmen) festgelegt. Die Instrumente müssen sinnvoll aufeinander abgestimmt sein und einen kraftvollen Mix ergeben (siehe Teil B).

Welche Maßnahmen sollen eingesetzt werden?

Aktuellen Umfragen zufolge liegt der Schwerpunkt der geplanten Maßnahmen zum Wissensmanagement im Aufbau von Datenbanken und EDV-gestützten Systemen. Organisatorische Maßnahmen sind Änderungen in der Unternehmensstruktur, um stärker prozessorientiert und eigenverantwortlicher zu arbeiten, die Technologieplanung zu erhöhen sowie Teilbereiche des Unternehmens stärker zu vernetzen. Viele Unternehmen denken daran, Verbesserungsteams einzusetzen, externe Fachleute als Referenten für Seminare einzuladen und Kreativitätsworkshops durchzuführen. Maßnahmen zur Verbesserung der Kommunikation sind kleine, überschaubare Arbeitsgruppen, Mitarbeiterschulungen und der Ausbau von persönlichen Kontakten zu Netzwerken. Schließlich wird in vielen Unternehmen das betriebliche Vorschlagswesen zu neuem Leben erweckt, um Wissenspotenziale aufzudecken und zu fördern.

5.3.4 Zeitplan

Für komplexes Wissensmanagement ist solide Zeitplanung unerlässlich. Der Zeitplan hält den Gesamtablauf sowie Einzelschritte, Maßnahmen, Termine und Zuständigkeiten fest. Dies dient dazu, Instrumente und Maßnahmen zu koordi-

Für komplexes Wissensmanagement ist solide Zeitplanung unerlässlich

nieren und zu kontrollieren. Für die Zeitplanung gibt es viele nützliche Instrumente wie die Netzplantechnik und Computerprogramme, die eine optimale Planung des Zeitablaufs ermöglichen.

Kleine Firmen sind schneller

Übrigens: Die Zeit für den Aufbau von Wissensmanagement richtet sich vor allem nach der Größe des Unternehmens und der Durchsetzungskraft des Managements. Kleinere Unternehmen haben es hier leichter, weil Entscheidungen schneller fallen und die Beteiligten eher einbezogen und informiert werden können. Um den Zeitplan so straff wie möglich und so ausgedehnt wie sinnvoll zu halten, sollte das Projekt über einen Lenkungsausschuss verfügen, dem ein Vorstandsmitglied oder auch mehrere angehören. Hierdurch ist das Projekt angehalten, regelmäßige Fortschritte zeigen zu müssen.

5.3.5 Etat

Geld und Ziele müssen passen

Für die Projektphase und den späteren etablierten Prozess wird eine Übersicht über die Kosten erstellt. Dieser Gesamtplan enthält unter anderem die Kosten für Personal, Aktionen und Maßnahmen. Die Geschäftsleitung erhält einen Überblick über die Kosten und kann Maßnahmen kürzen oder hinzufügen. Steht für die geplanten Maßnahmen nicht genügend Geld bereit, müssen die Ziele neu formuliert werden.

> ES IST NICHT MÖGLICH, MIT DER HÄLFTE DES BUDGETS DIE GLEICHEN ZIELE ZU ERREICHEN.

Hier wird erneut deutlich, wie die einzelnen Bestandteile des Gesamtplans ineinander greifen müssen.

5.4 Umsetzung

Im dritten Schritt geht es an die Feinarbeit: Ziele und Strategien werden konsequent in wirksame Maßnahmen umgesetzt (siehe hierzu ausführlich Teil B).

5.5 Die Bewertung

Kaum systematische Ansätze

Fachleute diskutieren derzeit erhitzt darüber, wie sich der Erfolg von Wissensmanagement nachweisen lässt. Manche finden das so schwer wie das Messen von Gas mit einem Gummiband. Alle wissen aber, dass die Akzeptanz von Wissensmanagement bei der Geschäftsleitung davon abhängt, ob und wie ihr Erfolg nachgewiesen werden kann – und das ist gut so: Wer bezahlt schon gern für Dinge, die keinen Erfolg bringen? Ein Unternehmen muss sich fragen, wo durch das Gestalten von Wissen ein Nutzen und ein Wert für das Unternehmen entstehen. Gibt es keinen, sollte das geplante Engagement in Frage gestellt werden. Der Wissensmanager muss – ähnlich wie sein Kollege aus dem Marketing dies mit Absatzzahlen kann – den Nutzen der eingesetzten Mittel belegen. Doch davon ist die Praxis oft weit entfernt: Erfolg oder Wirkung werden in den meisten Fällen nicht geprüft.

Wo entstehen durch das Gestalten von Wissen Nutzen und Wert für das Unternehmen?

WISSENSMANAGEMENT IST QUELLE VON WACHSTUM UND GEWINN.

Bewertung braucht einen Vergleich

Erfolg ist nicht absolut: Erfolg ist ein Urteil, das jemand vornimmt, und damit subjektiv. Es hängt also von der Perspektive des Betrachters ab, ob er eine Situation positiv oder negativ beurteilt. So ist es für den einen ein Erfolg, wenn 100 Mitarbeiter pro Tag auf das neue Intranet zugreifen, für den anderen ist es keiner.

Bewertung braucht ein Ziel

Der einzige Ausweg, dass sich zwei Menschen in ihrer Bewertung annähern können, ist, dass sie IM VORFELD ein Ziel formuliert haben, das sie erreichen wollen. Hinterher kann dann zweifelsfrei beurteilt werden, ob dieses Ziel erreicht ist oder nicht. Die Bewertung (des Erfolgs) sollte also immer als Vergleich zwischen einem angestrebten Zustand (Ziel) und dem tatsächlich erreichten Zustand erfolgen.

ERFOLG BRAUCHT EIN ZIEL, AN DEM ER BEWERTET WERDEN KANN. WO KEINE ZIELE FORMULIERT WURDEN, IST HINTERHER ALLES ODER NICHTS EIN ERFOLG.

Für eine Bewertung ist es wesentlich, dass messbare Ziele bestimmt wurden. Nicht überprüfbare Ziele in Formulierungen wie: »Wir wollen Wissensmanagement machen« rächen sich hier (siehe auch Kapitel 5.3.1).

Ziele müssen messbar sein

Wissen messen oder Wissensmanagement?

Entscheidend für die Bewertung ist die Frage, ob Wissen oder Wissensmanagement gemessen werden soll. Wissen selbst ist schwer zu fassen und daher schwer zu messen. Bis heute gibt es kaum systematische Ansätze, erprobte Instrumente, Indikatoren und Messverfahren. Oder wer weiß schon, wie Erfahrungen aus einem Arbeitsleben gemessen werden? Zudem macht es auch nicht viel Sinn, Wissen als solches zu messen, denn es gewinnt nur dann an Wert, wenn es auch eine Aufgabe erfüllt und ein Ziel erreicht.

Statt »Wissen« sind besser die Aktivitäten im Wissensmanagement zu bewerten

Besser ist es daher, die Aktivitäten im Wissensmanagement zu bewerten. Hierzu müssen drei Fragen beantwortet sein:

1. Was soll gemessen werden? (Inhalt)

2. Wann soll gemessen werden? (Zeit)

3. Wie soll gemessen werden? (Instrumente)

5.5.1 Inhalte

Bewerten anhand der formulierten Ziele

Die in der Planung formulierten Ziele werden mit dem erreichten Zustand verglichen und das Ergebnis bewertet:

- Lautet das Ziel, dass innerhalb eines Jahres ein Drittel der Mitarbeiter auf ein Intranet zugreifen kann, müsste dies nach Ablauf dieser Zeit geprüft werden können.

- Lautet das Ziel, dass innerhalb von sechs Monaten jeder vierte Mitarbeiter – statt wie zuvor nur jeder sechste – die geplanten Aktivitäten zum Wissensmanagement als sinnvoll einschätzt, kann dies eine Befragung prüfen.

- Das Erreichen des Ziels »In einem Jahr weiß jeder Mitarbeiter, welchen Beitrag er zum Wissensmanagement leisten kann« sollte nach Ablauf dieser Zeit bewertet werden können.

Weichen Ziel und erreichter Zustand voneinander ab, sollten die Abweichung erklärt und Maßnahmen ergriffen werden, dies nachträglich zu korrigieren.

5.5.2 Zeitpunkte

Drei Zeitpunkte der Bewertung

Zeitpunkte einer Bewertung können sein:

1. Prüfen vor einer Maßnahme,

2. kontinuierliches Prüfen der Arbeit während einer Kampagne oder einer Maßnahme,

3. abschließende Bewertung der direkten Wirkung am Ende einer Kampagne oder Maßnahme.

Vor dem eigentlichen Start des Programms sollte die Wirksamkeit des Lösungsansatzes geprüft werden, also

Vorherige Bewertung

• ob die angestrebten Ziele mit den formulierten Strategien und vorgesehenen Maßnahmen erreicht werden können,

• ob alle formulierten Schwächen in eine Aufgabenstellung, eine Zielsetzung und einen Lösungsansatz überführt wurden.

Die Maßnahmen selbst werden vor der Umsetzung daraufhin geprüft, ob sie das Ziel erreichen können. Bevor also das Intranet seinen Dienst aufnimmt, stellt eine möglichst unabhängige Person der angepeilten Nutzergruppe das Instrument vor und fragt sie nach ihrer Meinung. Jedem Teilnehmer werden die gleichen Fragen gestellt und deren Antworten und Meinungen sorgfältig notiert und ausgewertet. Die Antworten werden mit den angestrebten Zielen verglichen und die Maßnahmen vor diesem Hintergrund bewertet.

Wissensmanagement ist ein Prozess, der laufend gesteuert und kontrolliert werden muss. Eine Kontrolle nach der Umsetzung von Maßnahmen allein reicht nicht aus:

Laufende Bewertung

• Das Geschehen im Unternehmen ändert sich derart schnell, dass eine laufende Anpassung geprüft werden muss.

• Wird erst hinterher kontrolliert, kann sich erst viel zu spät erweisen, dass Strategien und Maßnahmen nicht geeignet waren, ein Problem zu lösen.

Die kontinuierliche Bewertung beantwortet die Frage, ob sich der Prozess wie gewünscht entwickelt und die Maßnahmen wie geplant laufen. Durch fortlaufendes Prüfen und Kontrollieren kann der Wissensmanager etwaige Schwachstellen erkennen und sein Handeln flexibel anpassen, um Ziele, Strategien und Maßnahmen zu optimieren – zum Beispiel, wenn sich die Situation durch aufkommende Konkurrenzprodukte ändern sollte. Hierbei helfen die formulierten Zwischenziele, die er während einer Aktion oder Kampagne prüft. Danach

Die Überprüfung von Zwischenzielen hilft, den Prozess zu steuern

werden eventuell Maßnahmen korrigiert und neue hinzugefügt. So werden bei PROCTER & GAMBLE halbjährlich Umfragen durchgeführt, wie die Mitarbeiter mit der Gesamtorganisation zufrieden sind, aber auch, wie der Wissensaustausch in den einzelnen Geschäftseinheiten funktioniert.

Abschließende Bewertung

Die abschließende Bewertung beantwortet die Frage, ob das Programm (oder eine Phase) im Sinn der Ziele erfolgreich war und was beim nächsten Mal besser werden sollte.

5.5.3 Vorgehen

Im Wesentlichen gibt es zwei Bewertungsmöglichkeiten, die in der Praxis benutzt werden, direktes und indirektes Messen:

Direktes und indirektes Messen

- direkt, zum Beispiel über die Anzahl von wissenschaftlichen Veröffentlichungen, die Anzahl der Dokumente im Wissensspeicher, die Häufigkeit der Nutzung einer Datenbank,

- indirekt, zum Beispiel über die Anzahl von Innovationen, das Wachstum der in das Projekt investierten Ressourcen, über Anzeichen von Profitabilität. Der Nachteil indirekter Messung ist, dass beobachtbare Wirkungen häufig nicht allein auf Wissensmanagement zurückzuführen sind. Ein Erfolg muss daher mit anderen geteilt werden; ein Misserfolg kann dagegen einzig dem Wissensmanagement angelastet werden (siehe auch das Beispiel der »Balanced Scorecard« in Teil B, Kapitel 6.1).

Wissensmanagement ist ein ganzheitlicher komplexer Prozess, der aus mehreren Schritten besteht. Bisher funktionieren die Einzelschritte in den Unternehmen meist gut, aber erst der koordinierte, ganzheitliche und zielorientierte Einsatz dieser Schritte ermöglicht erfolgreiches Wissensmanagement:

Wissensmanagement ist ein ganzheitlicher, komplexer Prozess

- Wissen aufdecken: Welches Wissen gibt es im Unternehmen? Wer verfügt über dieses Wissen?

- Wissen erwerben: Wie kann benötigtes Wissen im Unternehmen entstehen? Wie kann externes Wissen ins Unternehmen integriert werden?

- Wissen speichern: Wie kann Wissen bewahrt werden, dass es schnell und überschneidungsfrei verfügbar ist? Wie kann ein geeigneter Wissensspeicher aufgebaut werden?

- Wissen verteilen: Wie kann das Wissen so verteilt werden, dass es in der richtigen Menge in der richtigen Zeit am richtigen Ort bereitsteht?

- Wissen nutzen: Wie kann sichergestellt werden, dass bereitgestelltes Wissen auch tatsächlich genutzt wird?

- Wissen bewerten: Wie wird geprüft, ob das Wissensmanagement sein Ziel erreicht hat?

TEILSCHRITTE IM WISSENSMANAGEMENT AM BEISPIEL EINES COMPUTERHERSTELLERS

Ein Beispiel für Teilschritte im Wissensmanagement

- Wissensziele formulieren: Besseres Verständnis von Kundenbeschwerden.

- Wissen erwerben: Mitarbeiter reden mit Kunden am Telefon oder gründen Kundenklubs.

- Wissen speichern: Mitarbeiter notieren die Anrufe und Beschwerden im Originalton, bewerten und kategorisieren sie aber nicht.

- Wissensverteilung: Spezielle Mitarbeiter werten die Hinweise aus und dokumentieren sie. Akute Probleme gehen direkt an den Prozessverantwortlichen; Infos gehen auch an die strategische Produktentwicklung.

- Wissen anwenden: Sofortmaßnahmen des Kundendienstes; strategische Produktentwicklung.
- Wissen bewerten: Wie entwickelt sich die Zahl der Beschwerden über das gleiche Problem?

Welche Instrumente setzen die Firmen bisher ein? Die DR. JÄGER MANAGEMENT BERATUNG in Königstein hat die 200 größten deutschen Unternehmen hierzu befragt, davon antworteten 34 wie folgt:

Welche Instrumente setzen die Firmen bisher ein?

INSTRUMENTE DES WISSENSMANAGEMENTS IN DEUTSCHEN UNTERNEHMEN

INSTRUMENT	PROZENT
Internet	87,5
Fachliteratur, Bibliothek	87,5
Weiterbildung (Seminare, Kongresse)	83,3
Intranet	70,8
Verbesserungs- und Vorschlagswesen	70,8
Benchmarking/Best Practice	68,7
Externe Spezialisten	62,5
Informelle Kontakte (Kantine, Pause usw.)	58,3
Organisierter Erfahrungsaustausch	54,2
Rundschreiben	37,3
»Schwarze Bretter«	33,3
Mitarbeiterzeitung	29,2
Schriftliche Dokumentationen, Handbücher	29,2
Spezielle Wissensmanagement-Projekte	29,2
Interne Wissensbroker (Auskunftsstellen)	29,2
»Gelbe Seiten« für interne Spezialisten	20,8
Erfahrungsdatenbanken	20,8

DR. JÄGER MANAGEMENT BERATUNG, Königstein

Im Folgenden werden wichtige Schritte und Instrumente im Wissensmanagement vorgestellt. Diese Liste ist unvollständig und soll nur eine Vorstellung von den Möglichkeiten geben.

Wichtig zu wissen: Die Instrumente sind zwar bestimmten Schritten zugeordnet; in der Praxis können sie aber gleichzeitig mehrere Aufgaben erfüllen: So dient beispielsweise das Intranet sowohl der Speicherung von Wissen als auch dessen Weitergabe.

1 WISSEN ERKENNEN

1.1 Vorhandenes Wissen aufzeigen

»Wen würden Sie fragen, wenn Sie folgendes Problem hätten ...?« Auf diese Frage tritt in Firmenumfragen oft eisiges Schweigen ein, denn die Mitarbeiter haben den Überblick verloren.

Mangelnde Transparenz stellt ein massives Problem für Unternehmen dar, weil dies enorm viel Zeit kostet und zu Doppelarbeit führt: Einer Studie zufolge wendet ein Mitarbeiter durchschnittlich 35 Prozent seiner Arbeitszeit dafür auf, das im Unternehmen vorhandene Wissen zu finden. Bei IBM sollen zeitweise 49 Abteilungen in 27 Geschäftsbereichen dieselben Wettbewerber analysiert haben, ohne dass einer vom anderen wusste.

Ein Mitarbeiter wendet durchschnittlich 35 Prozent seiner Arbeitszeit dafür auf, im Unternehmen vorhandenes Wissen zu finden

Damit das Rad nicht ständig neu erfunden wird, ist nötig festzustellen, welches Wissen in welchem Teil des Unternehmens vorhanden ist. Dies betrifft sowohl das Wissen von Einzelpersonen (z. B. Expertenwissen) als auch kollektives Wissen (z. B. welche Abteilung ein Projekt erfolgreich durchgeführt hat). Auf der anderen Seite sollte auch berücksichtigt werden, dass wichtiges Wissen das Unternehmen unbeabsichtigt verlassen kann (»Spionage«).

Das Rad muss nicht ständig neu erfunden werden!

Wissen liegt in der Sprache

Nach einer Studie der DELPHI GROUP stehen den Firmen nur 58 Prozent ihres Wissens in kodierter oder anschaulicher Form zur Verfügung, davon ist die Hälfte auf Papier festgehal-

Wissen liegt meist in sprachlicher Form vor

ten, die andere Hälfte in digitaler Form, zum Beispiel auf Disketten. Wissen liegt in sprachlicher Form vor – sei es als Erfahrungswissen, sei es als Daumenregeln und Tipps und Tricks; geringere Bedeutung haben Berichte, Dokumente, Bücher, Zeitschriften und Briefe. (Noch) vergleichsweise wenig nutzen die Mitarbeiter E-Mail, Intranet und Datenbank als Wissensträger. Große sind da den kleinen Firmen noch voraus: Zum Beispiel geben 80 Prozent der Mitarbeiter bei HENKEL an, dass für sie E-Mail sehr wichtig ist.

WO BEFINDET SICH WISSEN?

42 Prozent in den Köpfen der Mitarbeiter

26 Prozent in Papierdokumenten

20 Prozent in elektronischen Dokumenten

12 Prozent in elektronischen Wissensdatenbanken

Abb. 1.1: Quellen für Wissen im Unternehmen

Wissensmanagement schafft Orientierung

Was kann ein Unternehmen tun, um den Mitarbeitern das vorhandene Wissen aufzuzeigen?

1.1.1 Wissenslandkarten

Wissenslandkarten ermöglichen einen anschaulichen Überblick

Wissenslandkarten ermöglichen einen anschaulichen Überblick über das im Unternehmen verfügbare Wissen, die Potenziale und ihre Verteilung. Die Wissensinhalte beschreiben das Know-how einer Organisation, zum Beispiel Lerneffekte aus Projekten, Verfahrensweisen und Erfolgsfaktoren.

Welches implizite und explizite Wissen wird zur Erfüllung der Aufgaben benötigt?

Wie werden solche Karten erstellt? Im ersten Schritt werden wichtige Kernprozesse identifiziert und das Wissen der Mitarbeiter danach kategorisiert, welches implizite und explizite Wissen sie zur Erfüllung ihrer Aufgaben besitzen müssen (dies umfasst nicht nur die Inhalte der Stellenbeschreibung, sondern auch das erforderliche berufliche Alltagswissen). Dies geschieht zum Beispiel mittels ausführlicher Fragebögen, in denen die Mitarbeiter über ihr Wissen einschließlich ihrer Teilnahme an Projekten, Seminaren, Weiterbildungsmaßnahmen Auskunft geben.

Zusätzlich zum Inhalt werden auch der Ort und die Quelle des Wissens erfasst. Wissensquellen sind also das zweite Suchkriterium: Zum Beispiel kann ein Verkäufer nach dem Stichwort »Wettbewerberaktivitäten im Bereich Anlagenbau« suchen und die Suche auf Expertenmeinungen einschränken.

Auch die Wissens-quellen werden festgehalten

Die gesammelten Informationen lassen sich aufbereiten und zum Beispiel in einem firmeneigenen Wissensbranchenbuch darstellen.

Firmeneigenes Wis-sensbranchenbuch

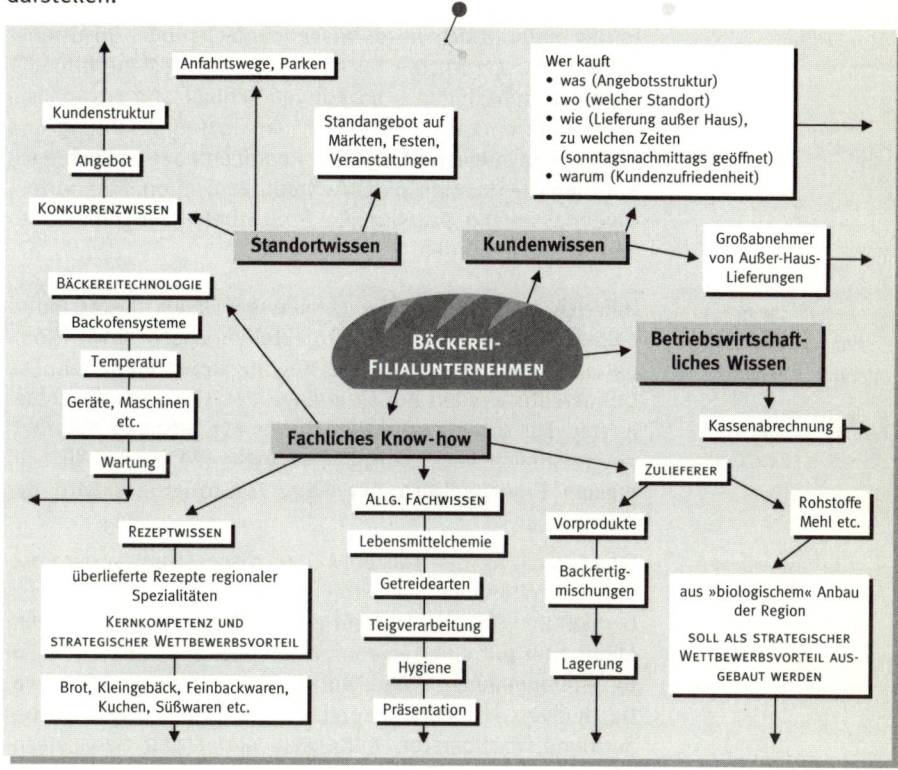

Abb. 1.2: Zentraler Kern der Wissenslandkarte eines regionalen Bäckerei-Filialunternehmens

Die eigenen »Gelben Seiten«

Wer kennt und nutzt sie nicht – die »Gelben Seiten«? Immer wenn ein Fachmann für ein Problem gesucht wird, heißt es: »Nachschlagen im großen Gelben«. Dieses Prinzip wird auf

Wissensbranchenbuch

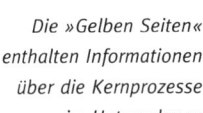

das Wissen im Unternehmen übertragen – heraus kommt das Wissensbranchenbuch, auch »Gelbe Seiten« (»Yellow Pages«) genannt (siehe auch Beispiel und Abb. in Teil C, Kap. 3.3).

Die »Gelben Seiten« enthalten Informationen über die Kernprozesse im Unternehmen

Die »Gelben Seiten« enthalten Informationen über die Kernprozesse im Unternehmen sowie die Namen der Träger von Wissen und Entscheidungen, damit sie direkt angesprochen werden können.

Häufig befindet sich dieses Wissensbranchenbuch im Intranet (siehe Kap. 4.2.2). Die Suche erfolgt mit bedienerfreundlichen Suchmaschinen – so können schnell und zuverlässig Mitarbeiter entsprechend ihrer Qualifikation, Erfahrung und Kompetenz aufgespürt werden. Personen können auch nach Kriterien wie Position in der Aufbauorganisation, Standorten, Niederlassungen, Abteilungen, Projektbeteiligungen und Namen gesucht werden.

Persönliche Homepages von Wissensträgern sind hilfreich

Hilfreich sind persönliche Homepages jeder dieser Mitarbeiter die Arbeitsgebiete, Projekterfahrungen sowie Kompetenzen der Gegenwart und Vergangenheit enthalten. Die Dokumente werden auf Grundlage des Glossars verschlagwortet. Für die Pflege dieser Homepage ist jeder Mitarbeiter persönlich verantwortlich. Je mehr Mitarbeiter sich an diesem Branchenbuch beteiligen, desto größer wird der Erfolg sein.

Über sein Intranet-Projekt »Knowledge 2000« stellt Siemens weltweit virtuelle Expertenteams zusammen

SIEMENS hat für den konzernweiten Wissenstransfer der 8000 Vertriebsmitarbeiter das Projekt »Knowledge 2000« ins Leben gerufen. Prunkstück sind die »Gelben Seiten«, die jeden Mitarbeiter auf einer eigenen Homepage vorstellen: mit Foto, Telefonnummer, E-Mail-Adresse und Schwerpunktthemen. Durch diverse Links zu Ansprechpartnern werden Vertriebsbeauftragte, Fachberater, Auftragsabwickler und Servicetechniker zu virtuellen Expertenteams zusammengeschweißt, die bei bestimmten Themen schnell als die wichtigsten Wissensträger im Unternehmen bekannt sind. So wird das Intranet zum elektronischen Nachschlagewerk, in dem der Suchende im Idealfall auch gleich die passende Antwort auf die am häufigsten gestellten Fragen findet. Auf diese Weise knüpft SIEMENS persönliche und regionale Beziehungen von Mitarbeitern zu weltweiten Netzwerken.

Kompetenzen auf einen Blick

Eine weitere Möglichkeit der grafischen Darstellung sind Kompetenzlandkarten: Sie bilden jene Kernprozesse ab, in denen ähnliche Ressourcen und Fähigkeiten auftreten. Diese Gemeinsamkeiten können für die Wissensentwicklung und Wissenstransfers genutzt werden: So kann der Vertrieb gemeinsame Konzepte für die Kundenberatung und Kundenschulung entwickeln. In der Produktion kann über eine unternehmensweite Methode und Organisation des kontinuierlichen Verbesserungsprozesses nachgedacht werden. Auch die Prüfung möglicher Synergien in der Produktion bis hin zur Zusammenlegung von Standorten bietet sich an. Forschung und Entwicklung könnten teilweise zusammengelegt werden, zum Beispiel in der Gentechnik.

Wissenskompetenzlandkarten stellen dar, wo welche Kompetenzen zu finden sind

Maßgeblich bei der Wahl des geeigneten Mediums (vor allem Buch und Intranet) für die Wissenslandkarte sind die Wünsche und Erwartungen der Zielgruppen sowie die Unternehmensstruktur. Entscheidend können auch die Projektdauer beim Aufbau und die Kosten sein: Eine strukturierte Wissenslandkarte, die elektronisch abgelegt ist und detailliert die Geschäftsprozesse widerspiegelt, ist eine Projektaufgabe, die die volle Zeit ganzer Mitarbeiterteams für Wochen in Anspruch nimmt. Eine gedruckte Version der »Gelben Seiten« ist sicherlich schneller zu erstellen, aber sie ist unter Umständen nach kurzer Zeit nicht mehr aktuell.

Anforderungen an das geeignete Medium

Wissenskarten erhöhen die Transparenz im Unternehmen: Mitarbeiter können orts- und zeitunabhängig relevantes Wissen schnell finden; dies erspart umständliches Herumtelefonieren. Informationen über Wissen können zentral aufgebaut und verwaltet werden. Der persönliche Austausch wird gefördert, denn durch den Hinweis »Kundenbericht Nordamerika, einzusehen bei Harald Lemke« muss der Sucher persönlichen Kontakt aufnehmen. Dies führt oft zu Wissensaustausch, der über die eigentliche Frage des Suchers hinausgeht.

Wissenskarten erhöhen die Transparenz im Unternehmen

Synergien können genutzt werden

Mögliche Probleme mit Wissenslandkarten

Besonders bei komplexeren Wissenslandkarten ist eine klare Struktur unerlässlich: Eine Struktur, die die Geschäftsaktivitäten nicht korrekt abbildet und so nicht an den tatsächlichen Bedürfnissen orientiert ist, verfehlt ihren Zweck. Häufig kann die Struktur aber Dynamik und Zusammenhänge nur schwer abbilden.

Wissenslandkarten sind aufwändig in der Erstellung und mitunter schwierig zu deuten. Werden sie nicht gepflegt, ist ihr Wert für das Unternehmen nur kurzzeitig. Entspricht die Wissenslandkarte nicht der Kultur des Unternehmens, zum Beispiel dessen Umgang mit vertraulichem Wissen, kann die Akzeptanz leiden.

1.1.2 Wissensagenten

Es geht auch persönlich: Helfer im Wissensmanagement

Es geht auch persönlich: Wissensagenten tragen gezielt unternehmensweit vorhandenes Wissen zusammen. Hierzu erstellen sie persönliche Nutzerprofile und durchforsten das Unternehmen gezielt nach dem benötigten Wissen in ausgewählten Bereichen. Sie bereiten Informationen auf, wie zum Beispiel umfangreiche Projektberichte, um dem Nutzer die Zeit für die Auswertung zu verkürzen.

Als interne Dienstleister nehmen sie Aufträge an und erledigen sie maßgeschneidert, was eine gleich bleibende Qualität und größtmögliche Anwenderorientierung sicherstellen soll. Sie unterstützen das Entstehen von Wissen, indem sie entsprechende Impulse geben.

1.2 Künftiges Wissen aufdecken

1.2.1 Frühwarnsysteme

Frühwarnsysteme melden zukünftigen Handlungsbedarf im Wissensmanagement

Frühwarnsysteme sollen Veränderungen im Unternehmen und der Umwelt früh auffangen und verarbeiten. Ziel ist es, Prognosen zu ermöglichen, Entscheidungen zu treffen und geeignete Maßnahmen einzuleiten.

Frühwarnsysteme beachten sowohl langfristige Entwicklungen als auch kurzfristige Erscheinungen. Konkrete Maßnahmen, wie zum Beispiel die Neuentwicklung von Produkten oder die Risikostreuung auf mehrere Produkt- und Kundengruppen, können ohne Zeitdruck geplant und präzise umgesetzt werden.

Ein Unternehmen sollte wissenschaftliche und gesellschaftspolitische Diskussionen wie ein Seismograph beobachten,

Signale früh erkennen und prüfend verfolgen, um im Rahmen der Früherkennung potenzielle Chancen und Risiken auszuloten.

Unternehmen sollten die Veränderungen in ihrem Umfeld beobachten

WIRTSCHAFTLICHE SIGNALE: Der bevorstehende EU-Binnenmarkt ließ schon vor Jahren gravierende Veränderungen im wirtschaftlichen Umfeld erkennen. Einige Unternehmen haben diese Signale früh erkannt und ihre Geschäftspolitik auf die künftige Situation ausgerichtet; andere haben die Entwicklung verschlafen oder viel zu spät erkannt und müssen noch heute mit den Folgen kämpfen. Aktuelle wirtschaftliche Rahmenbedingungen sind unter anderem:

Wirtschaftliche Signale

- Zunehmend gesättigte Märkte
- Verschärfter Wettbewerb – auch international und global
- Austauschbare Produkte
- Immer neue Produkte in immer kürzeren Abständen
- Kunden sind unberechenbarer, wählerischer und kritischer geworden
- Informationsüberflutung durch die Medien
- Steigender Werbedruck

Unternehmen können prüfen, wie sich diese Entwicklungen auf ihre Organisation auswirken können.

GESETZLICHE SIGNALE: Ein Unternehmen muss jene Gesetze kennen, die seine Branche betreffen, und Gesetzentwürfe daraufhin prüfen, ob sie zu Änderungen führen werden. Ein Beispiel ist das »Duale System«, das dazu führte, das ein Unternehmen einen neuen Umgang mit seinem Abfall lernen muss.

Gesetzliche Signale

GESELLSCHAFTLICHE SIGNALE: In den vergangenen Jahren haben sich die Schwerpunkte von Werten in der Gesellschaft verschoben. Dies wird gemeinhin als »Wertewandel« bezeichnet. Folgendes ist vor allem auszumachen:

Gesellschaftliche Signale

- Werte wie Umwelt, Arbeitsplatz, Ausländerintegration, soziale Sicherheit haben einen hohen Stellenwert.
- Wichtiger werden Kreativität, Spontaneität, Selbstverwirklichung, Eigenständigkeit, Genuss, Freizeit, Abenteuer, Spannung, Ausleben emotionaler Bedürfnisse, Individualität.

- Nicht mehr so wichtig sind Disziplin, Gehorsam, Selbstbeherrschung und Unterordnung.
- An Bedeutung gewinnen Information und Kommunikation, Sicherheit, soziale Bindungen.
- Es besteht allgemein ein Trend zur aktiven und kritischen Gesellschaft.

Die Wirtschaft muss soziale Verantwortung übernehmen

Diese gesellschaftlichen Veränderungen führen über veränderte Werte der Bevölkerung zu neuen Herausforderungen für unternehmerisches Denken und Handeln. Werte wie Ökologie und Gesundheit, Schaffung und Erhaltung von Arbeitsplätzen sowie Verwirklichung sozialer und humanitärer Ziele werden nach Ansicht von Wissenschaftlern auch weiter einen hohen Stellenwert haben. Neben diesen Forderungen an die Wirtschaft nach Übernahme von sozialer Verantwortung steht aber auch eine nahezu gegensätzliche »Renaissance materieller Werte« bevor und damit verbunden die Selbstentfaltung als Maxime im persönlichen Bereich: Selbstbestimmung, Partizipation, Individualisierung und Erlebnisorientierung sind Stichworte, die nicht nur im Absatzmarketing an Bedeutung gewinnen.

Absatz und Marketing stellen sich individuell auf den Kunden ein

Wissenschaftliche Signale

WISSENSCHAFTLICHE SIGNALE: Wissenschaftliche Studien beeinflussen das Konsumverhalten der Gesellschaft: Warnungen oder Empfehlungen können sich zu Trends entwickeln, wie etwa die kritische Haltung zu Cholesterin oder Salz oder die Vorbehalte gegen nicht umweltgerechte Produkte belegen.

Das sind mögliche Frühwarnbereiche

Interne Beobachtung der Unternehmensbereiche und externe Beobachtung des Unternehmensumfeldes

Hahn und Klausmann schlagen die in Abb. 1.3 dargestellten Bereiche für eine interne und externe Beobachtung durch Frühwarnsysteme vor.

Die ermittelten Warnsignale werden verarbeitet und rechtzeitig an die Verantwortlichen weitergeleitet. Ein Frühwarnsystem trägt also dazu bei, das Management für Entwicklungen und künftig relevantes Wissen zu sensibilisieren.

In welcher Form und Ausführlichkeit die Frühwarninformationen erfolgen, ist von der Größe des Unternehmens und seinem Krisenbewusstsein abhängig. Folgende Kriterien könnte eine Frühwarnmeldung mindestens enthalten:

Externe Beobachtungsbereiche im Hinblick auf Gefährdungen und Chancen	**Interne Beobachtungsbereiche im Hinblick auf Gefährdungen und Chancen**
• Konjunkturelle Entwicklung (nach Ländern, Regionen) • Strukturelle Entwicklung (nach Ländern, Regionen) • Politische Entwicklung (nach Ländern, Regionen) • Soziale Entwicklung (nach Ländern und Regionen) • Technologische Entwicklung	• Produktprogramm • Mitarbeiter • Maschinelle Ausrüstung • Ergebnis- und Finanzlage
Unternehmensindividuelle externe Beobachtungsbereiche	**Funktionsorientierte interne Beobachtungsbereiche**
• Produkte/Regionen des unternehmensbezogenen Absatzmarktes • Kunden der Unternehmung • Konkurrenten der Unternehmung • Produkte/Regionen des unternehmensbezogenen Beschaffungsmarktes • Lieferanten der Unternehmung • Arbeitsmarkt • Kapitalmarkt	• Forschung und Entwicklung • Absatz • Produktion und Beschaffung • Verwaltung • Großprojekte

Abb. 1.3: Frühwarnmeldungen sensibilisieren das Management (Quelle: Hahn und Klausmann)

• Um welches Ereignis oder um welchen Trend geht es?

• Welche positiven und negativen Auswirkungen können Ereignisse oder Trends für das Unternehmen haben?

• Welchem Bereich können sie zugeordnet werden (Ökologie, Technik, Lebensmittel, Gesundheit etc.)?

• Woher stammen die Informationen (zum Beispiel Zeitschrift, Studie etc.)?

Kriterien für eine Frühwarnmeldung

Jedes Unternehmen kann ohne großen Aufwand ein Frühwarnsystem installieren und die betriebseigenen »Antennen« als

Radar für Umweltveränderungen nutzen: Der Außendienst kann Kunden und Konkurrenzverhalten im Handel beobachten, der Einkauf achtet auf Lieferanten und Fachberater. Spezielle Mitarbeiter halten Kontakt zu Branchenkennern und Spezialisten für Wirtschafts- und Technologiefragen. Welche weiteren Instrumente und Verfahren können Signale erkennen und Informationen liefern?

Quellen für Frühwarninformationen

QUELLE	BEISPIELE	TECHNIK
Mediapublikationen	Tageszeitungen, Wirtschaftsmagazine	Inhaltsanalyse (Clipping-Service)
Datenbanken	Wirtschaftsdaten der Großindustrie	Datenbankanalyse
Diverse Organisationen	Wirtschaftsverbände, Verbraucherschutzorganisationen etc.	Berichtsauswertung, Konferenzen
Öffentlichkeit	Bestimmte Bevölkerungssegmente	Meinungsforschung
Regierung	Landes- oder Kommunalpolitik	Öffentliche Anfragen
Rechtsprechung	Präzedenzfälle	Juristische Trendanalyse
Universitäten	Stiftungen, Forschungswettbewerbe etc.	Kooperation
Professionelle Forschungseinrichtungen	Unternehmensberatungen	Berichtsauswertung

Abb. 1.4: Quellen für Frühwarninformationen (nach B.G. Jeschke: Konfliktmanagement und Unternehmenserfolg)

Gezieltes Monitoring sondiert bekannte Entwicklungen

Breites Scannen beobachtet allgemein

Grundsätzlich können Frühwarninstrumente eher breit oder eher gezielt eingesetzt werden:

• MONITORING bedeutet, dass bekannte Themen gezielt und systematisch beobachtet und überwacht werden.

• Durch SCANNEN kann ein Unternehmen sein Umfeld eher oberflächlich, breit und ungezielt nach neuen Themen absuchen. Hiermit kann es bisher als nicht wichtig erschie-

nene Bereiche ermitteln und neue Trends in bereits be-
obachteten Bereichen aufspüren.

- Beide Verfahren können natürlich auch gemeinsam eingesetzt werden: So kann das breite Scannen in ein gezieltes Monitoring übergehen.

1.2.2 Lebensstilanalysen

Die Bedeutung und Entwicklung von Themen lässt sich oft
aus Lebensstilanalysen abschätzen. Lebensstile sind vielge-
staltige und ganzheitliche Verhaltensmuster, die neben kon-
kretem Verhalten auch Größen wie Werte und Persönlich-
keitszüge beinhalten, die langfristig das Verhalten eines
Menschen bestimmen. Lebensstile sind dynamisch und werden von vielen Faktoren beeinflusst, wie zum Beispiel Wirtschaft, Kultur, Umwelt, Technologie, Gesellschaft etc. Anhand
von Lebensstilen lassen sich Gruppen unterscheiden.

Eine Änderung des Lebensstils von Bezugs- und Zielgruppen kann das Wissensmanage-ment beeinflussen

Lebensstilanalysen untersuchen systematisch Änderungen im
Wertesystem sowie von Meinungen wichtiger Bezugsgruppen.
Spezielle Meinungsforschungsinstitute, aber auch große Verlage geben Studien heraus, mit denen sich Trends im Wandel
von Lebensstilen besser einschätzen lassen. Lebensstile sind
häufig eng mit Trends gekoppelt.

1.2.3 Trendanalysen

Die Trendforschung ermittelt langfristige Strömungen in der
Gesellschaft und unterscheidet, welche bedeutend sind und
welche nicht. Hieraus leitet sie Trends ab, die bis zu zehn
Jahre gültig sein sollen – im Gegensatz zu kurzfristigen
Moden.

Unternehmen müssen langfristige Trends erkennen und ihr Wis-sensmanagement ent-sprechend ausrichten

Trends lassen sich gestalten – vorausgesetzt, sie werden früh
genug erkannt. Die Trendforschung liefert hierfür neben der
reinen Formulierung von Trends folgende Informationen:

- Stärke eines Trends

Informationen der Trendforschung

- Entwicklungsdynamik
- Bezugsgruppen, die einen Trend tragen
- Ausdrucksformen und Verlauf
- Reaktion auf zufälligen oder gezielten Einfluss
- Zusammenhänge zwischen verschiedenen Trends

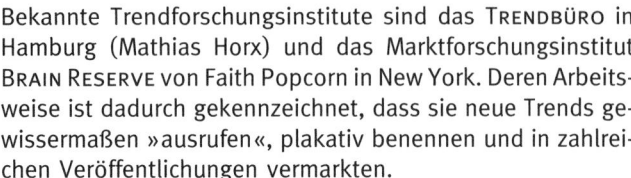

Bekannte Trendforschungsinstitute sind das TRENDBÜRO in Hamburg (Mathias Horx) und das Marktforschungsinstitut BRAIN RESERVE von Faith Popcorn in New York. Deren Arbeitsweise ist dadurch gekennzeichnet, dass sie neue Trends gewissermaßen »ausrufen«, plakativ benennen und in zahlreichen Veröffentlichungen vermarkten.

Marktforschungsinstitute, die Trends erforschen, sind zum Beispiel das SINUS-INSTITUT in Heidelberg, das RISC-INSTITUT in der Schweiz und das BASIS-RESEARCH-INSTITUT in Frankfurt. Ihre Forschungsergebnisse beziehen sich größtenteils auf allgemeine Tendenzen des Wertewandels und auf gesellschaftliche Veränderungen in der Milieustruktur. Um eine Vorstellung von Trends zu geben, hier einige aktuelle Beispiele, die für viele Unternehmen wichtig sind:

Beispiel: Globale Trends

Laut »Delphi 98« des INSTITUTS FÜR SYSTEMTECHNIK UND INNOVATIONSFORSCHUNG (ISI) in Karlsruhe können als globale Trends ausgemacht werden:

Neue Unternehmens-strukturen

NEUE UNTERNEHMENSSTRUKTUREN: verstärkte Kooperation der Unternehmen auch unter Einbezug von Kunden und Instituten; die Bedeutung der Mitarbeiter steigt, es werden selbstständige, ganzheitliche Verantwortungsbereiche eingerichtet, die die Identifikation mit veränderten Unternehmenszielen fördern; in technischer Hinsicht wird Mikrotechnik immer stärker um sich greifen – in produzierenden Betrieben ebenso wie in Kliniken oder bei anderen Dienstleistern.

Vernetzter Alltag, Cybercash für alle

VERNETZTER ALLTAG, CYBERCASH FÜR ALLE: Vernetzung durch multimediale Netzwerke; Datennetze mit eindeutiger Personenidentifikation und hoher Datensicherheit ermöglichen rechtsverbindliche Transaktionen; Einkauf über Multimedia, elektronische Abrechnungs- und Geldsysteme gewinnen an Bedeutung, Lieferung der Waren unabhängig von Öffnungszeiten; multimediale Netzwerke eröffnen aber auch andere Möglichkeiten, zum Beispiel Computersimulationen, die für aktive Bürgerbeteiligung herangezogen werden.

Next-Generation-Internet

NEXT-GENERATION-INTERNET: hohe Sicherheit, Übertragung von Informationen in Echtzeit; die Mehrzahl der Haushalte kommuniziert per elektronischer Post.

TELEARBEIT, VIRTUELLE UNTERNEHMEN: Telearbeit wird erst nach 2005 einen Durchbruch erleben; dann aber arbeiten 30 Prozent aller in Büros beschäftigten Mitarbeiter an zwei von fünf Werktagen zu Hause. An Forschungs- und Entwicklungsvorhaben wird an unterschiedlichen, räumlich voneinander getrennten Standorten komplementär gearbeitet. Direkte Kommunikationsbeziehungen (Meetings, Konferenzen, Telefonate) werden durch kommunikationstechnische Lösungen ersetzt; die dominante Unternehmensform ist nicht mehr durch festen Standort und feste Mitarbeiter gekennzeichnet, vielmehr werden vielfältige Teilleistungen von Personen oder spezialisierten Unternehmen (an verschiedenen Standorten, aber durch Netze verbunden) zusammengeführt.

Telearbeit, virtuelle Unternehmen

1.2.4 Szenariotechnik

Um über zukünftige Entwicklungen Aufschluss zu erhalten, wird am häufigsten die Szenariotechnik eingesetzt: Sie wurde in den 50er-Jahren von Hermann Kahn entwickelt. Sie hat das Ziel, Zukunftsbilder zu entwerfen und mögliche Wege und deren Rahmenbedingungen dorthin zu beschreiben. Die Entwicklungen können positiv und negativ sein, eher wahrscheinlich und eher unwahrscheinlich.

Wie werden sich gegenwärtig zu beobachtende Tendenzen in Zukunft entwickeln?

In Bezug auf das Wissensmanagement zeigen diese Szenerien, welche Faktoren für die Entwicklung des Unternehmens eine wichtige Rolle spielen können und welches Wissen erforderlich ist, um die gewünschten Zukunftsbilder zu verwirklichen.

Szenarien sagen nicht die Zukunft voraus, sondern sie entwerfen Bilder einer möglichen, wahrscheinlichen und wünschenswerten Zukunft, die fundierte Entscheidungen ermöglichen.

Szenarien entwerfen Bilder einer möglichen, wahrscheinlichen und wünschenswerten Zukunft

So werden sie erstellt:

- Ein Untersuchungsfeld wird abgesteckt und gegliedert. In der Aufgabenstellung sind der Gegenstand sowie der räumliche und zeitliche Bezug erkennbar.

- Die Struktur der Zusammenhänge zwischen einzelnen Faktoren wird aufgedeckt sowie die Entwicklung in der Vergangenheit. Auf dieser Grundlage wird entschieden, welche Einflüsse (zum Beispiel wirtschaftliche oder politische) für die künftige Entwicklung des Untersuchungsfelds bedeutsam sind.

- Mit Hilfe von Prognoseverfahren (zum Beispiel Delphi-Technik und Befragung) werden zwei bis fünf unterschiedliche Entwicklungen aufgezeigt und es wird festgelegt, mit welcher Wahrscheinlichkeit sie eintreten.
- Alternative Entwicklungen werden daraufhin geprüft, wie verträglich sie sind. Hieraus werden Szenarien entwickelt.
- Die Auswirkungen von Störereignissen (der schlimmste Fall »worst case«) werden in die Szenariobilder eingefügt.
- Die unterschiedlichen Annahmen werden zu Zukunftsbildern ausgebaut.
- Szenarien werden ausgewählt, die für das Unternehmen strategisch bedeutsam sind und Auswirkungen haben können. Maßnahmen werden entwickelt.

Welche Szenarien sind für das Unternehmen strategisch bedeutsam?

Mit der Szenariotechnik schlägt das Frankfurter BATTELLE-INSTITUT den Bogen von der Gegenwart zu möglichen unterschiedlichen Zukunftsbildern. Das standardisierte, PC-gestützte Verfahren eignet sich zur Betrachtung künftiger Entwicklungen, die – in Abhängigkeit von politischen, wirtschaftlichen oder gesellschaftlichen Faktoren – in den nächsten fünf bis zehn Jahren nicht eindeutig vorhersehbaren Veränderungen unterliegen werden. Aufgabe des Instituts ist es nicht, dem Auftraggeber Denkarbeit und Entscheidungen abzunehmen. Szenarien machen auf Querverbindungen, Kausalitäten, heute noch nicht Vorstellbares aufmerksam.

Szenarien machen auf Querverbindungen, Kausalitäten, heute noch nicht Vorstellbares aufmerksam

E-PLUS ist als Partner des FRAUNHOFER-INSTITUTS am Forschungsprojekt »zu Hause im 21. Jahrhundert« beteiligt, das sich mit der Analyse der Lebenssituation und dem Kommunikationsverhalten der Menschen in der nahen und fernen Zukunft beschäftigt. Als Ergebnis ausgewiesen werden mögliche Lebensstile, die alle eine eigene Form der mobilen Kommunikation erfordern. E-PLUS muss darauf die richtigen Antworten geben können.

DAIMLER-BENZ entwickelt Szenarioprozesse in Workshops mit interdisziplinären Teams aus 10 bis 20 Teilnehmern. Die Workshops dauern zwischen einem halben und fünf Tagen, sie sind über einen Zeitraum bis zu einem Jahr verteilt.

1.2.5 Zukunftslabore

Die Szenariotechnik wenden die DAIMLER-BENZ-Forscher nur noch selten an, Zeit- und Geldeinsatz sind häufig zu hoch. Alternativ wird in Projektteams, unternehmensintern »Zukunftslabors« genannt, mit Trendannahmen gearbeitet, die einen Blick in die Zukunft erlauben. Antworten auf Fragen wie »Welche Anforderungen an das Unternehmen wird die Gesellschaft in 20 Jahren haben?« oder »Gibt es in Zukunft überhaupt noch Autos, Waschmaschinen, Militärflugzeuge?« und ein Überblick über Trenddiskussionen werden im internen »delta-Report« beschrieben.

Das Beispiel Daimler-Benz

Ein Zukunftslabor hatte das Ziel, Zukunftsbilder des Luftverkehrs im Jahr 2015 zu erstellen, um daraus Strategien für das Vorgehen in den nächsten Jahren abzuleiten (»Zukunftslabor Luftverkehr 2015«). Hierzu entwickelte eine konzernübergreifende Arbeitsgruppe mit Mitarbeitern aus Entwicklung, Produktion und Vertrieb mehrere Hauptszenarien, die völlig unterschiedliche strategische Auswirkungen nahe legten.

SZENARIO A: »Fliegen, was sonst!«	SZENARIO B: »Fliegen ist beschränkt!«
Niedrige Flugpreise, attraktive Dienstleistungen und verbesserte Verkehrsanbindungen steigern das Passagieraufkommen.	Die Attraktivität des Fliegens hat stark abgenommen.
Es besteht ein umfangreiches Luftverkehrsnetz mit komfortablen Dienstleistungen.	Erschwerte Marktbedingungen führen zu abnehmenden Flugzeugpreisen.
Eine starke Nachfrage nach Flugzeugen und anderen Komponenten für integrierte Verkehrskonzepte prägt den Markt.	Es fehlen integrative Verkehrskonzepte.
Flugsicherung, Airlines und Passagiere harmonieren miteinander.	Das Luftverkehraufkommen stagniert.

Zukunftslabor Luftverkehr 2015

Abb. 1.5: Bilder aus dem Zukunftslabor von DAIMLER-CHRYSLER

Zukunftsbilder werden Grundlage einer umfassenden Geschäftsstrategie

Diese Zukunftsbilder wurden Grundlage einer umfassenden Geschäftsstrategie. Der Workshop brachte außerdem die Teilnehmer dazu, ihre eigenen Annahmen kritisch zu hinterfragen und alte Planungsansätze zu verwerfen.

2 WISSEN ERWERBEN

Quellen für Wissen

Der Erwerb von Wissen hat zum Ziel, neue Fähigkeiten, neue Produkte, bessere Ideen und leistungsfähigere Prozesse zu entwickeln:

Vergleich des aktuellen mit dem zukünftig notwendigen Wissen

• Auf Basis der Kernprozesse des Unternehmens wird ein Profil des aktuellen und des (künftig) erforderlichen Wissens erstellt. Die Analyse der Lücken zwischen beiden Wissensprofilen zeigt, wo Wissen aufgebaut werden muss – Wissenspotenziale können so erschlossen werden.

Wo sind geeignete interne oder externe Wissensträger?

• Relevantes Wissen können interne und externe Quellen liefern: Intern sind dies Mitarbeiter, Expertenteams und Dokumente; extern können dies Personen wie Berater sein, Gruppen wie Verbände und Dokumente wie Projektberichte. In jedem Fall ist für die Wissensbeschaffung das schnelle und unkomplizierte Identifizieren der Wissensträger wichtig.

Wo können sich Wissens- oder Lernbarrieren ergeben?

• Mit dem Erschließen der Wissensquellen wird gleichzeitig festgestellt, wo Wissens- oder Lernbarrieren den Prozess der Wissensgenerierung behindern (siehe Kap. 5.1).

2.1 Lernen

Aufbau von Wissen

Um den Erwerb und Aufbau von Wissen verstehen und damit aktiv gestalten zu können, sind Kenntnisse über das Lernen erforderlich.

Wissensmanagement unterscheidet zwischen dem Lernen von Einzelpersonen und dem Lernen von Unternehmen. Dabei ist individuelles Lernen eine Voraussetzung für Unternehmenslernen, das Lernen eines Unternehmens ist aber mehr als die Summe der einzelnen Lernprozesse, weil durch Kombination neues Wissen entsteht.

2.1.1 Individuelles Lernen

Der Aufbau von Wissen durchläuft mehrere Stufen, in denen sich der Mensch vom Anfänger über den Fortgeschrittenen bis zum Experten entwickelt, wie zum Beispiel in einem Sprachkurs. Im Lauf dieses Prozesses festigt sich das Wissen; je häufiger es wiederholt wird und sich in der Praxis bewährt, desto weniger stellt es ein Mensch trotz neuer – auch widersprechender – Informationen in Frage.

Der Experte hat sein Wissen so verinnerlicht, dass er sich dessen nicht mehr bewusst sein muss. Solange keine außergewöhnlichen Probleme auftreten, löst er Probleme weder bewusst noch trifft er bewusst Entscheidungen, er macht einfach das, was sonst auch funktioniert. Sein Unterbewusstsein reichert Erfahrungen an und klassifiziert sie. Erlebt er eine Situation, kann er diese erkennen, wenn er sie schon einmal erlebt hat; zum anderen kann er auf alle damit verbundenen Entscheidungen, Aktionen und Taktiken zugreifen. Der Experte tut dies intuitiv, er trifft also seine Entscheidungen ohne große Überlegungen aus der Erfahrung heraus.

Der Experte hat sein Wissen verinnerlicht

Wie wichtig es ist, dass Wissen (und damit auch Lernen) zielorientiert ist, zeigt die persönliche Erfahrung: Wer weiß nicht, wie schwer es ist, etwas zu lernen (sich Wissen anzueignen), wenn man den Grund dafür nicht weiß. Wer lernt schon gern Vokabeln, wenn sicher ist, dass es keine Möglichkeit gibt, sie auch anzuwenden?

Wissen und Lernen sind zielorientiert

Wie eignet sich ein Mensch Wissen auf den einzelnen Stufen an? Eine wichtige Grundlage sind Kognitionen. Damit sind alle Prozesse und Strukturen gemeint, die mit dem Ausdruck »geistig« beschrieben werden können. Dies beinhaltet zum einen das bereits gespeicherte Wissen einer Person; zum anderen gehören jene Prozesse dazu, die zu Erkenntnissen führen wie Wahrnehmen, Schlussfolgern, Erinnern, Denken, Problemlösen, Entscheiden etc.

Wie eignet sich ein Mensch Wissen an?

Kognitive Prozesse bedeuten aktive Informationsverarbeitung: Menschen nehmen Informationen aus ihrer Umwelt auf, um sie zu *verarbeiten*, sie *reagieren* also nicht bloß auf diese Reize. Ergebnis dieser aktiven Verarbeitung ist, dass jeder Mensch vor dem Hintergrund seiner gesamten Persönlichkeit eine eigene, völlig individuelle Wahrnehmung besitzt.

Kognitive Prozesse bedeuten aktive Informationsverarbeitung

Dabei vollzieht sich Lernen auf zweierlei Weise:

Informationen werden in vorhandene kognitive Strukturen eingeordnet

1. Informationen werden in vorhandene kognitive Strukturen eingeordnet: Informationen werden so wahrgenommen und verändert, dass sie sich problemlos in die vorhandenen Strukturen einfügen lassen. Es handelt sich also um einen Lernvorgang, bei dem Bestehendes bewahrt und erweitert sowie die Vergangenheit mit der Zukunft verbunden wird.

Informationen ändern die kognitiven Strukturen

2. Informationen ändern die kognitiven Strukturen: Informationen werden so wahrgenommen, dass sie bestehende Wahrnehmungsstrukturen ändern; Bestehendes wird zu Gunsten von Neuem aufgegeben.

LERNEN BEDEUTET ERWERB, ÄNDERUNG ODER BESTÄTIGUNG VON KOGNITIVEN STRUKTUREN.

Soziales Lernen

Ein Mensch lernt auch in seiner sozialen Umgebung: So kann er sich sozial anerkanntes und nicht anerkanntes Verhalten aneignen. Das Beobachten spielt hier eine wichtige Rolle, denn Menschen müssen nicht selbst handeln, um zu lernen, sondern sie können andere beobachten und daraus eigene Erfahrungen ableiten. Diese setzen sie dann in eigenes Handeln um, wobei sie fehlende motorische Fähigkeiten einüben müssen. So entsteht ein Repertoire an verfügbaren Verhaltensoptionen, aus dem die Person je nach Situation auswählen kann. Sie wird letztlich jenes Verhalten zeigen, das ihr die größte Belohnung (Nutzen) verspricht. Ein Verhalten zeigt sich so lange, bis der Erfolg zurückgeht oder ausbleibt.

Individuelle Wissensbasis

Sämtliches Wissen, über das ein Mensch verfügt, bildet seine individuelle Wissensbasis; vor seinem ganz speziellen Hintergrund zeigt er ein bestimmtes Handeln. Die Art und Weise des Verarbeitens von Informationen zu individuellem Wissen ist grundsätzlich nicht vorhersagbar. Wahrnehmung und Verarbeitung werden durch die individuelle Wissensbasis gesteuert.

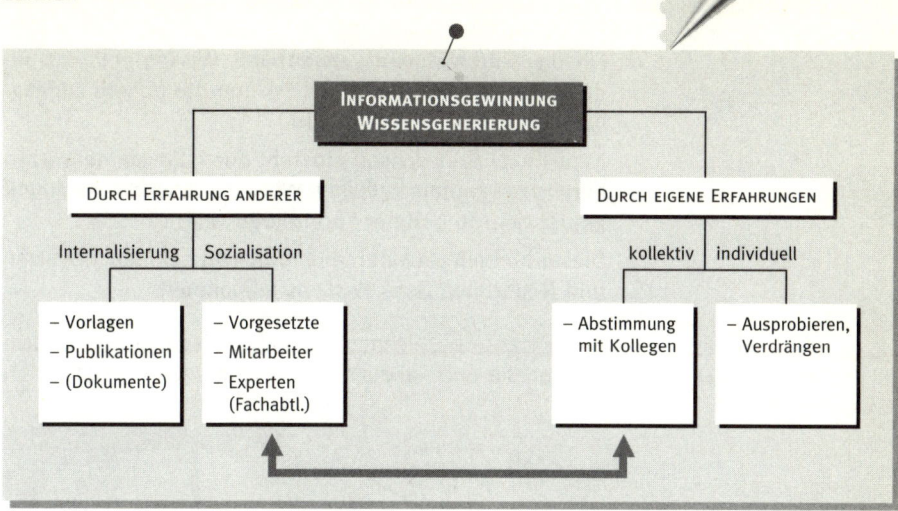

Abb. 2.1: Wie Wissen entstehen kann

2.1.2 Unternehmenslernen

Ähnlich wie einzelne Menschen können auch Unternehmen lernen und auch sie haben ein Gedächtnis. Zwischen Lernen und Wissen bestehen enge Wechselwirkungen, beide sind nur schwer zu trennen: Das Wissen, das im Gedächtnis gespeichert ist, beeinflusst, was gelernt wird, und umgekehrt. Das Gedächtnis eines Unternehmens hat mehr mit Speicherung, Aufbewahrung und Bereitstellung von Wissen zu tun.

Unternehmen lernen im Austausch mit ihrer internen und externen Umwelt. Selbstverständlich kann die Organisation selbst nicht lernen, sondern deren Mitarbeiter. Sie können ihr Wissen austauschen und dadurch neues Wissen schaffen – das Unternehmen weiß also mehr, als die Summe des Einzelwissens seiner Mitarbeiter ergeben würde.

Unternehmen lernen im Austausch mit ihrer internen und externen Umwelt

Ein Unternehmen lernt in mehreren Phasen:

Ein Unternehmen lernt in mehreren Phasen

1. Zwei Personen tauschen ihr implizites Wissen direkt aus, indem zum Beispiel eine Person die andere bei der Arbeit beobachtet und auf diese Art und Weise lernt. Das Gelernte wird so zu eigenem implizitem Wissen. Da bei diesem Grundmuster das Wissen nicht expliziert wird, bleibt es für das Unternehmen unzugänglich.

2. Für das Unternehmen verwertbares Wissen entsteht, indem implizites Wissen durch Erklären für andere zugänglich und dokumentierbar wird.

3. Neues explizites Wissen entsteht durch Zusammensetzen bereits bekannten expliziten Wissens, es wird zusammengefügt oder in anderer Form dargestellt.

4. Dieses können die Mitarbeiter durch Aufnehmen, Ergänzen und Neuordnen ihres Wissens aufnehmen.

Die »Spirale des Wissens«

Diesen Prozess bezeichnen die beiden japanischen Professoren Nonaka und Takeuchi als »Spirale des Wissens«.

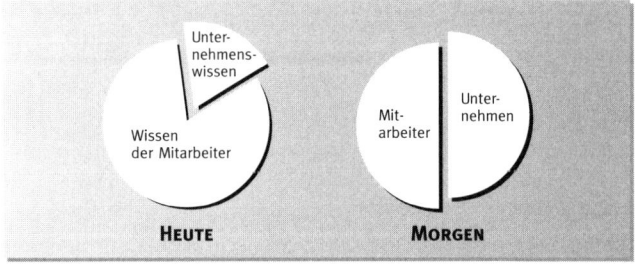

Abb. 2.2: Durch Wissensmanagement steigt das Unternehmenswissen

Wer lernt im Unternehmen?

Wer lernt im Unternehmen? Hier gibt es folgende Möglichkeiten:

- INDIVIDUEN
  Einzelne Individuen oder bestimmte Gruppen lernen stellvertretend für das gesamte Unternehmen. Sie verfügen über Macht und setzen ihre Entscheidungen in Handlungen um.

- ELITEN UND MÄCHTIGE GRUPPEN
  Hier handelt es sich um einen Prozess des gemeinschaftlichen Lernens. Jedoch wird das Lernpotenzial nicht ausgeschöpft, weil nur ein bestimmter, elitärer Personenkreis (zum Beispiel die Geschäftsleitung) Träger des Wissens ist.

- UNTERNEHMENSKOLLEKTIV
  Lernen wird von allen Mitarbeitern geteilt. Entscheidungen beruhen auf einem gemeinsamen Wissensbestand, der einen Grundkonsens im Unternehmen verkörpert; jedoch wird Spezialwissen in einzelnen Gruppen nicht berücksichtigt.

- **WISSENSGEBILDE**

Wissen entsteht im gesamten Unternehmen, aber es gibt auch eine Reihe von Bereichen, in denen spezielles Wissen entsteht. Im Gegensatz zu den elitären Gruppen können hier alle Subgruppen Träger von Wissen sein.

Die Träger des Unternehmenswissens sind Objekte (Datenträger), Personen oder Systeme, die Wissen speichern und repräsentieren. Um Wissen bewirtschaften zu können, sind deshalb Kenntnisse erforderlich, wie Wissen gespeichert wird (siehe hierzu Kap. 3).

Woher bekommen Firmen ihr Wissen? Das FRAUNHOFER-INSTITUT FÜR ARBEITSWIRTSCHAFT UND ORGANISATION hat hierzu 1997 insgesamt 300 Unternehmen gefragt:

Woher bekommen Firmen ihr Wissen?

QUELLEN FÜR WISSEN IN DEUTSCHEN UNTERNEHMEN
- Weiterbildung
- Kooperation mit Kunden
- Recherche in Fachzeitschriften
- Konkurrenzanalysen
- Kooperation mit Zulieferern
- Kongresse, Foren
- Marktforschung
- Vergleichsanalysen
- Neueinstellung von Experten
- Kooperation mit Universitäten

Fraunhofer-Institut für Arbeitswirtschaft und Organisation

Die organisationale Wissensbasis

Abb. 2.3: Woher Firmen ihr Wissen erhalten

2.1.3 Weiterbildung

Lernen ist ein Prozess, in dem ein Mensch sein Wissen entwickelt und dieses in Entscheidungen und Aktionen umsetzt. So werden Rückkoppelungen möglich, die es erlauben, den Erfolg des Lernens zu prüfen. Besonders das Lernen im Team ermöglicht Vergleiche, Feed-back und Unterstützung.

Lernen erfolgt zielgerichtet vor allem im täglichen Betriebsleben und in der beruflichen Aus- und Weiterbildung: Ein

Zielgerichtet erfolgt Lernen vor allem in der Aus- und Weiterbildung

Mitarbeiter lernt in seiner Arbeit Dinge hinzu, er behält das Gelernte, indem er es anwendet; er kann es aber auch verlernen, wenn er es nicht anwendet.

Was er lernen, behalten und anwenden muss, bestimmt die betriebliche Arbeitsorganisation: Typische Fließbandarbeit beispielsweise fordert kaum Qualifikation und beinhaltet wenig Gelegenheit, Neues dazuzulernen. Lernen wird verlernt – kann aber wieder erlernt werden.

Soziale und kommunikative Fähigkeiten werden zunehmend wichtiger

Die Weiterbildung umfasst nicht nur das Entwickeln der fachlichen Kompetenz; immer wichtiger werden auch soziale und kommunikative Fähigkeiten. Das Weiterbildungsprogramm beinhaltet daher Kurse in Rhetorik, Präsentation, Kreativität und Kommunikation.

»Telelearning« via Multimedia

In der Weiterbildung hat »Telelearning« via Multimedia enorm an Bedeutung gewonnen. Es gibt hierzu sogar Kongresse wie die »Online Educa« in Berlin, auf der sich Experten aus aller Welt über ihre Erfahrungen mit online-gestützter Aus- und Weiterbildung austauschen (s. auch Kap. 4.2.2).

Experten vermitteln Erfahrungen

Expertenseminare

Experten, die gut unterrichten können, bieten Weiterbildung und Schulung an. Hierdurch fließen spezifische und langjährige Erfahrungen der Spezialisten in die Weiterbildung ein. Beim Reifenhersteller CONTINENTAL halten Mitarbeiter an drei Tagen im Jahr Vorträge zu unterschiedlichen Aspekten der Reifenherstellung.

2.1.4 Firmenuniversitäten

Individuell zugeschnittene Ausbildung

Firmenuniversitäten sind besondere Ausbildungsstätten, die auf das Unternehmen zugeschnittene akademische Ausbildung anbieten. Ziel ist es, die Mitarbeiter firmenspezifisch so zu qualifizieren, dass sie den steigenden internen und externen Anforderungen gewachsen sind.

Die ersten Firmenunis gab es schon 1955 in den USA, derzeit gibt es in den Vereinigten Staaten etwa 1600. Fast die Hälfte der 500 erfolgreichsten Unternehmen besitzt eine eigene Hochschule. Bei uns sind Firmenunis erst langsam im Kommen: Vorreiter waren hier DAIMLER-CHRYSLER (noch vor der Fusion), die LUFTHANSA und BERTELSMANN.

Kritiker mäkeln, dass Firmen viel Geld in ihre Lehranstalten stecken, ohne zu prüfen, ob ihre Angestellten mit dem vermittelten Wissen überhaupt etwas anfangen können. Für die Firmenunis gilt, was für das Wissensmanagement insgesamt gilt: Das vermittelte Wissen ist zielgebunden. Die Firmenuniversität stellt sicher, das alle Unternehmensbereiche vom selben Wissenspool profitieren und sich an denselben Zielen orientieren. Sie sind Plattform, um den Strategieprozess zu unterstützen und die strategischen Initiativen des Unternehmens umzusetzen. Gleichzeitig haben sie integrierende Funktion, denn sie sollen vor allem in globalen Konzernen das Gemeinschaftsgefühl stärken. Der Chef von DAIMLER-CHRYSLER betonte die Bedeutung der Firmenuniversität bei der Zusammenführung der beiden Konzerne DAIMLER und CHRYSLER: Sie werde helfen, eine gemeinsame Unternehmenskultur zu entwickeln.

Das vermittelte Wissen ist zielgebunden

Firmenuniversitäten stärken eine gemeinsame Unternehmenskultur

Der Aufbau einer Firmenuni ist sehr aufwändig und kann durch enge Kooperation mit anderen Unternehmen oder Ausbildungsstätten erfolgen. Zu den Partnern von DAIMLER-CHRYSLER gehören beispielsweise die HARVARD BUSINESS SCHOOL (Massachusetts), das INSEAD in Fontainebleau und das INTERNATIONAL INSTITUTE FOR MANAGEMENT DEVELOPMENT (IMD) in Lausanne.

Der Aufbau ist aufwändig

Das Bildungsangebot lebt und wird immer wieder mit den strategischen Vorgaben der Führungsetagen abgeglichen. Um sicherzustellen, dass das vermittelte Wissen entwickelt werden kann, wird DAIMLER-CHRYSLER im Intranet Fallstudien zum Bearbeiten anbieten, für die Tutoren mit Expertenwissen als Online-Ansprechpartner bereitstehen.

BERTELSMANN spannt ein weltweites Netz

Die Programme der »Corporate University« von BERTELSMANN beziehen sich auf die Unternehmensstrategie. Zugleich vernetzt sie die 300 Profitcenter und ist die Plattformen für Weiterentwicklung von Unternehmenskultur und Wissensmanagement.

Die Universität von BERTELSMANN

Besonderes Augenmerk richtet BERTELSMANN auf das zielgerichtete Verknüpfen von internem und externem Know-how, denn es sollen keine akademischen Foren im Elfenbeinturm veranstaltet werden. Die Programme, die BERTELSMANN mit Partnern wie der HARVARD BUSINESS SCHOOL und dem INTER-

Das Lernergebnis muss umsetzbar sein

NATIONAL INSTITUTE FOR MANAGEMENT DEVELOPMENT (IMD) entwickelt, sollen sich auf das Geschäft auswirken, das Lernergebnis muss umsetzbar sein.

Design-Workshops gleichen ab, ob ein Wissensangebot auch den Bildungsbedarf abdeckt

Um sicher zu sein, dass die Inhalte dem Interesse der Zielgruppen entsprechen, werden im Vorfeld »Design-Workshops« veranstaltet, in denen abgeglichen wird, inwieweit sich die Vorschläge und Vermutungen der Organisatoren mit dem tatsächlichen Bildungsbedarf der Führungskräfte decken. Im Gegensatz zu anderen Firmenuniversitäten bietet die BERTELSMANN-Zentrale daher keinen breit angelegten Kursplan, sondern erarbeitet die Veranstaltungsinhalte mit den Vertretern der Geschäftsbereiche.

Lernzentren

Lerngruppen lösen in kleineren Unternehmen gemeinsam Probleme

Falls eine eigene Universität eine Nummer zu groß sein sollte, bieten sich Lernzentren an: Lerngruppen treffen sich hier regelmäßig, um an Problemen zu arbeiten. Hierbei unterstützen sie die erforderlichen Instrumente wie die Szenariotechnik (siehe Kap. 1.2.4) und Datenbanken (siehe Kap. 3.1.1). Ziel ist es, Lernen und Handeln zu verbinden. Diese Kombination von Lernen und Problemlösen im Arbeitsalltag soll die Akzeptanz und Bereitschaft zum Lernen deutlich steigern.

2.2 Wissen intern entwickeln

Gute Gründe, Wissen intern zu entwickeln

Wissen ist eine Ressource, die unbegrenzt entwickelt werden kann. Es gibt gute Gründe, dies intern zu tun: Sei es, dass dies günstiger ist, oder sei es, dass das Unternehmen aus strategischer Sicht mehr Kontrolle über das zentrale Wissen erhalten und behalten will.

Nicht nur F&E: Wissen entsteht in ALLEN Bereichen des Unternehmens

Neues Wissen entsteht aus Sicht des Wissensmanagements nicht mehr nur in Forschung und Entwicklung, sondern in allen Bereichen des Unternehmens. Oft sind es vermeintlich unscheinbare Marktsignale, die sich zu verwertbarem Wissen und zu Kompetenzen zusammenfügen. Aus der Kunden- und Marktbetreuung fließen die Informationen in das Unternehmen hinein, Außendienst, Innendienst und Vertriebsleitung geben den Anstoß für Wissen schaffende Prozesse. Die Auswertung dieses Prozesses setzt allerdings eine Änderung in der Wissenskultur voraus, denn bis heute hat der Vertrieb (nur) das zu verkaufen, was die Produktion herstellt – Vertriebswissen zählt in der Regel nicht.

Vertriebswissen zählt vielfach nicht

Die Wissenskultur ist auch aus einem anderen Grund für das Entstehen von Wissen entscheidend (siehe auch Teil A, Kap. 3): Um neues Wissen generieren zu können, muss ein Mindestmaß an Kommunikation und Kreativität vorhanden sein. Das Gestalten von Wissen, besonders dessen Entwicklung, kann nie vollständig geplant werden, denn:

KREATIVITÄT LÄSST SICH NICHT VERORDNEN!

Sehr wohl kann aber ein Klima entstehen, das Kreativität und Lernen fördert, zum Beispiel durch heterogene Teams und durch eine anregende Atmosphäre. Gleichzeitig müssen durch entsprechende Schulungen jene Techniken vermittelt werden, die Kreativität, soziale Kompetenz und Teamarbeit fördern. (Literaturhinweise zu Kreativität und Arbeitstechniken finden Sie im Serviceteil.)

Klima ist wichtig für das Entstehen von Wissen

2.2.1 Teams und heterogene Lerngruppen

Teams bieten eine hervorragende Voraussetzungen für das Entstehen von neuem Wissen: Die Mitglieder tauschen ihr Wissen aus, kombinieren es neu und schaffen hierdurch ungewöhnliche Ideen und neue Lösungen. Unterschiedliche Ansichten und Deutungen setzen mehr kreative Prozesse in Gang, als das bei den Einzelnen der Fall wäre.

Beste Voraussetzungen für neues Wissen bieten Teams

Als eine spezielle Form von Teams haben sich heterogene Lerngruppen bewährt: Die Zusammenarbeit mit Menschen aus anderen Fachgebieten lässt auch das Misstrauen gegenüber Unbekanntem geringer werden, das so genannte »Not invented here«-Syndrom nimmt ab (siehe hierzu Teil A, Kap. 3.1).

Teams haben den besonderen Vorteil, dass sie die unterschiedlichen Kompetenzen der Mitarbeiter fördern. Die DEUTSCHE VEREINIGUNG ZUR FÖRDERUNG DER WEITERBILDUNG VON FÜHRUNGSKRÄFTEN unterscheidet in:

Teams fördern die Kompetenzen der Mitarbeiter

- FACHKOMPETENZ: beinhaltet Fachwissen und spezifische Fähigkeiten,

Fachkompetenz

Methodenkompetenz

- METHODENKOMPETENZ: bedeutet, Probleme zu erkennen, zu strukturieren, zu hinterfragen und zu lösen,

Sozialkompetenz

- SOZIALKOMPETENZ: ist die Fähigkeit, sich situations- und personenbezogen zu verständigen, auf Gedanken, Gefühle und Einstellungen anderer angemessen einzugehen und kompromissfähig zu sein,

*Persönlichkeits-
kompetenz*

- PERSÖNLICHKEITSKOMPETENZ: schließt die Bereitschaft zur sozialen Verantwortung ein und das Handeln nach der eigenen Überzeugung.

*Wissensförderndes
Verhalten im Team*

SO SOLLTE EIN TEAM FUNKTIONIEREN

- Guter Informationsfluss
- Wissen und Fähigkeiten teilen
- Die eigene Kompetenz in den Dienst der gemeinsamen Sache stellen
- Gegenseitige Unterstützung
- Zulassen intensiver Beziehungen
- Anerkennung und Aufmerksamkeit geben
- Bedürfnisse anderer ernst nehmen und eigene äußern
- Authentizität
- Andere »neben sich lassen« und sich für den anderen öffnen

Abb. 2.4: Wissensfördernder Umgang im Team

*Das Team muss
sich entwickeln und
weiterentwickeln*

Eines darf aber nicht vergessen werden: Die Teams müssen sich auch weiterentwickeln, sonst besteht die Gefahr, dass sie erstarren und nur den eigenen Standpunkt zu bestätigen suchen. Gerade Teams, die lange erfolgreich waren, sind gefährdet, unkritisch zu werden und widersprechende Informationen und Meinungen auszublenden. Solche Widersprüche zu ignorieren heißt Lernchancen vertun.

*Anforderungen an
die Teamkompetenz*

HIER ZEIGT SICH TEAMKOMPETENZ

- KONFLIKTFÄHIGKEIT: Angst vor Aggression und davor, von anderen in Frage gestellt zu werden, kann Harmoniesucht zur Folge haben und damit verhindern, eigene und gemeinsame Leistungen ehrlich zu beurteilen, eingefahrene Denkwege zu verlassen und damit hohe Produktivität und Innovation zu erreichen.

- KOOPERATIONSFÄHIGKEIT (freiwilliges Einordnen in Gruppen): Dazu zählt das Akzeptieren eigener Grenzen und das Überlassen von Aufgaben an jene, die dafür besser qualifiziert sind, ohne das Gefühl zu haben, sich damit eine Blöße zu geben (Stolz und Imponiergehabe).

- KOMMUNIKATIONSBEREITSCHAFT (Mehrwissen und Informationen an andere bereitwillig weitergeben): Voraussetzung ist die Erkenntnis, ob gewohntes Konkurrenzverhalten unbewusst gepflegt oder Mehrwissen zur eigenen Aufwertung im Team benötigt wird.

- PARTIZIPATIONSFÄHIGKEIT (Beteiligung an Problemlösungen und Diskussionen im Team): Sie kann nicht entstehen, wenn sich jemand aus Angst vor Misserfolgen, aus Enttäuschung, verletzter Eitelkeit und Trotz aus Gesprächen zurückzieht.

- KRITIKBEREITSCHAFT (Geben und Empfangen von Rückmeldungen): Voraussetzung ist zum einen die Fähigkeit, Beziehungsprobleme von Sachdiskussionen zu trennen; zum anderen darf Kritik nicht aus Angst vor der Gegenreaktion auf eine falsche Zielperson verschoben werden.

Abb. 2.5: Bestandteile der Teamkompetenz

2.2.2 Best Practice

»Best Practice« sind jene Verfahren, Methoden und Arbeitsweisen, die eine besonders hohe Produktivität, Qualität und Wertschöpfung aufweisen. Die Best Practice stellen die derzeit beste Lösung für ein Problem dar. Sie werden identifiziert und auf andere Bereiche übertragen. Das ist oft natürlich nicht 1:1 möglich; vielmehr geht es um Denkanstöße und Ideen, die für das eigene Problem genutzt und bedarfsgerecht angepasst werden können.

Wer kann etwas am besten?

ARTHUR ANDERSEN hat zusammen mit anderen bedeutenden Firmen aus unterschiedlichen Branchen wie IBM und XEROX das INTERNATIONAL BENCHMARKING CLEARINGHOUSE gegrün-

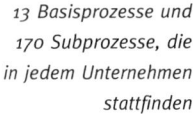

13 Basisprozesse und
170 Subprozesse, die
in jedem Unternehmen
stattfinden

det. Mit dessen Hilfe wurden erst einmal 13 Basisprozesse und 170 Subprozesse identifiziert, die in allen Unternehmen, ungeachtet ihrer Branchenzugehörigkeit, ihres Standortes und ihrer Größe, ihre Anwendung finden. Diese wurden dann weltweit und wiederum branchenübergreifend in mehreren hundert führenden Unternehmen untersucht. Die gefundenen Best Practices für diese Prozesse sind in einer mehr als 10 000 Buchseiten umfassenden Datenbank auf CD-ROM gespeichert; diese Sammlung wird ständig aktualisiert.

RANK XEROX hat 1997 ein Gremium aus über 100 Wissensmanagern einberufen, um aus deren Erfahrungen für das eigene Wissensmanagement zu lernen. XEROX befragt die Gremiumsmitglieder zwei- bis dreimal im Jahr und teilt allen die Ergebnisse der Befragung mit. Die erste Befragung ergab unter anderem:

Ergebnisse einer
Befragung von 100
Wissensmanagern

- 25 Prozent der vertretenen Unternehmen wiesen einen Haushalt für Wissensmanagement von mehr als einer Million Dollar pro Jahr aus, und 27 Prozent setzten mehr als zehn Mitarbeiter gezielt zum Management von Wissen ein.

- Eine Mehrheit gab an, dass ihre wichtigste Zielsetzung die gemeinsame Nutzung von Informationen war; 32 Prozent sagten, dass ihre Aufgabe in der Technologieintegration bestand, um Arbeitsmittel zur gemeinsamen Verwendung von Wissen bereitzustellen.

- 42 Prozent gaben als größtes Hindernis den inneren Widerstand gegen einen Wandel an sowie eine Unternehmenskultur, in der Zusammenarbeit nicht gefördert wird.

2.2.3 Betriebliches Vorschlagswesen

Teilnahme soll
Spaß machen

Wer kennt es nicht: das betriebliche Vorschlagswesen. Meist ist ihm im Lauf der Jahre gewissermaßen »die Luft ausgegangen«. Es dümpelt vor sich hin und ist für viele keine Quelle des Ansporns mehr. Ein Projekt im Rahmen von Wissensmanagement kann sich damit beschäftigen, dem Vorschlagswesen neues Leben zu verleihen.

Wichtig ist, dass die Teilnahme am Vorschlagswesen Spaß macht und unkompliziert vonstatten geht. Der Mitarbeiter sollte verfolgen können, welchen Weg sein Vorschlag geht und was am Ende umgesetzt wird. Eine solche Nähe zum Mitarbeiter kann dadurch erreicht werden, dass die Entscheidung über einen Vorschlag in die Verantwortung der Führungskräfte gelegt wird. Sie sind es auch, die den Vorschlag bewerten und honorieren.

Der Mitarbeiter muss unmittelbar nachvollziehen können, was mit seinem Vorschlag passiert

Bestandteil jedes Vorschlags sollten auch Hinweise sein, wie das neue Wissen auch anderen zur Verfügung gestellt werden kann, die dieses Wissen brauchen können.

2.2.4 Zeitliche Freiräume

Wissen hat das Ziel, neue Leistungen zu entwickeln, die einen deutlich höheren Nutzen bieten als die bisher vorhandenen Produkte und Dienstleistungen. Ein Instrument, um Ideen zu fördern, sind zeitliche Freiräume. Sie ermöglichen das Erproben von neuem Wissen und steigern die Experimentierfreude.

Freiräume fördern das Entfalten neuer Ideen

Wer hätte gedacht, dass Mitarbeiter ausdrücklich angehalten sein könnten, ihre Arbeit ruhen zu lassen? Was sich skurril anhört, kann sinnvoll sein: Der Mitarbeiter nutzt diese Zeit sinnvoll für das Schaffen von Wissen. Zudem signalisieren zeitliche Freiräume, dass Wissensmanagement tatsächlich ein wichtiger Teil ihrer Tätigkeit ist.

Gezielte Freiphasen

Experten könnten längere Freiphasen nehmen, um – ähnlich Universitätsprofessoren in Forschungsfreisemestern – ihren Ideen ungestört nachgehen zu können. Auch das Freistellen vom Tagesgeschäft für das Vorbereiten von Publikationen oder Vorträgen entlastet vom Zeitdruck.

Die Firma 3M ist berühmt für ihren Innovationsgeist, die Leitidee lautet: »Du sollst keine neuen Produktideen töten.« Mitarbeiter in Forschung und Entwicklung können 15 Prozent ihrer Arbeitszeit für selbst gewählte Forschungsprojekte verwenden. Eine Gruppe von angesehenen Forschern bewertet die Ergebnisse. Der Mitarbeiter erfährt regelmäßig nach Prüfung der Ergebnisse, ob und inwiefern sein Projekt dazu beiträgt, bestimmte Ziele zu erreichen. Jeder kann sich per Computer über die bewertenden Experten informieren und den richtigen Ansprechpartner finden. Auch Quartalsberichte geben dort über neue Entwicklungen Auskunft. In den Abteilungen präsentieren die Forscher regelmäßig ihr Vorgehen und diskutieren mit Kollegen.

Innovationsgeist bei 3M: »Du sollst keine neuen Produktideen töten«

Die Schaffung von Freiräumen ist nicht nur im Hinblick auf Zeit wichtig. Oft herrschen eine große Routine und gewisse Trägheit am Arbeitsplatz, die innovative und frische Ideen im Keim ersticken. Für das Management von 3M gelten daher zehn Regeln:

Zehn Regeln für Innovation bei 3M

1. Schaffen Sie Denkfreiräume für Ihre Mitarbeiter!
2. Heben Sie Denkverbote auf!
3. Erlauben Sie Fehler!
4. Würdigen Sie Innovationsleistungen!
5. Fördern Sie intensive Kommunikation!
6. Werden Sie Coach für Innovationen!
7. Beziehen Sie wichtige Kunden ein!
8. Innovationen können aus vielen Quellen kommen!
9. Produkte gehören dem Vertriebsbereich – Technologien dem gesamten Unternehmen!
10. Rechnen Sie mit Innovationshürden!

2.3 Externes Wissen beschaffen

Gezielte Beschaffungsstrategien auf dem Wissensmarkt

Firmen können heute kaum noch das gesamte erforderliche Wissen aus eigener Quellen schöpfen – zu sehr explodiert neues Wissen, zu sehr entwickelt sich Expertenwissen. Dies erfordert gezielte Beschaffungsstrategien auf dem Wissensmarkt:

2.3.1 Experten

Experten sind Hauptwissensträger

Experten zeichnen sich durch Erfahrung und die Fähigkeit aus, ihr Wissen auf neue Situationen und Sachverhalte erfolgreich anzuwenden. Experten sind nicht nur Haupt-Wissensträger, sondern auch Wissensentwickler, was andere Wissensträger nicht ohne weiteres sind.

Berater können Know-how liefern, aber auch das unternehmenseigene Fachwissen mit Erfahrungen, Methodenwissen und Verfahrenstechniken aus unterschiedlichen Branchen anreichern. In den Unternehmensberatungen sind die Projektteams nicht mehr nach Branchen zusammengestellt, sondern nach Fachgebieten und Erfahrungen, um den Transfereffekt zu nutzen.

Experten können gezielt und auch kurzfristig verpflichtet werden: So vermietet die Münchener Brain Factory Computer-
experten auf Tagesbasis, die Regensburger Rent-a-Scientist
verleiht Naturwissenschaftler an Firmen ohne eigene For-
schungsabteilung.

*Experten können gezielt
und auch kurzfristig
verpflichtet werden*

2.3.2 Benchmarking

»Benchmarking« bedeutet, von den Besten zu lernen: Es ist
ein kontinuierlicher Prozess, in dem ein Unternehmen strukturiert und kontrolliert die eigenen Produkte, Dienstleistungen und Methoden mit denen der Mitbewerber vergleicht.
Die Methode ist bisher vor allem in den USA weit verbreitet
und ist Standard in vielen Firmen.

*Vergleich mit
den Besten*

In Deutschland vergleicht sich zum Beispiel das Pharmaunternehmen Schwarz sowohl mit anderen Pharmakonzernen als
auch branchenübergreifend mit allen erfolgreichen Unternehmen, um von deren Geschäftserfolg und deren Darstellung
im Markt zu lernen.

Zwar richtet sich Benchmarking bislang vor allem auf Konkur-
renzunternehmen, aber es wird zunehmend auch internes
Benchmarking praktiziert. Untersuchungen haben nämlich
gezeigt, dass innerhalb eines Unternehmens vergleichbare
Einheiten Unterschiede in der Effizienz von bis zu 200 und
300 Prozent aufweisen. Ein Unternehmen kann also auch von
betriebsinternen Vergleichen profitieren.

*Auch innerbetriebliche
Prozesse können
miteinander verglichen
werden*

2.3.3 Kauf und Kooperationen

Kauf und Kooperationen sind in jüngster Zeit überall zu beobachten, um sich wichtige Kompetenz auf einem Gebiet
anzueignen – kaum ein Unternehmen, das heute noch die
gleiche Struktur hat wie vor fünf oder gar zehn Jahren:
Daimler und Chrysler sind fusioniert, aus Ciba-Geigy und
Sandoz ist Novartis entstanden und unter dem Dach von
Volkswagen finden sich auch Audi, Seat und Škoda.

*Schneller
Kompetenzaufbau*

Die Firmenzusammenschlüsse (Fusionen) und Zukäufe (Akquisitionen) bieten für die Unternehmen viele Vorteile:

*Firmenzusammen-
schlüsse und Zukäufe
bieten viele Vorteile*

• Firmen können so ihre Produktpalette vervollständigen
  und ausweiten, ohne die neuen Produkte selbst aufwändig entwickeln zu müssen.

- Durch den Erwerb neuer Geschäftsfelder können Firmen das Risiko streuen und ihren Erfolg breit absichern.

- Zusammenschlüsse ermöglichen, dass Unternehmen nicht mehr nur einzelne Marktsegmente abdecken, sondern alle Segmente bearbeiten können, wie das Beispiel VOLKSWAGEN mit seinen zahlreichen Marken zeigt.

Kooperationen kann es in allen Funktionen geben

Kooperationen bieten sich in Forschung und Entwicklung genauso an wie in der Produktion und im Marketing. Zum Beispiel suchen in der Forschung immer mehr Unternehmen die Zusammenarbeit mit Universitäten und innovativen Forschungsinstituten: Autobauer PORSCHE steht in engem Austausch mit Forschungseinrichtungen an den Hochschulen. Der neue Pharmariese AVENTIS unterstützt die Forschung des molekularbiologischen Instituts am MASSACHUSETTS GENERAL HOSPITAL und hofft, auf diese Weise zur Entwicklung eines neuen profitablen Medikaments beizutragen. Kooperationen in der Produktion könnten dazu führen, dass Unternehmen aus unterschiedlichen Branchen gemeinsame Fertigungsstätten aufbauen und sich die Kosten teilen.

Wissen muss in die eigene Wissensbasis integriert werden

Das qualifizierteste Wissen ist für ein Unternehmen aber erst dann brauchbar, wenn es auch in das Unternehmen integriert wird. So zeigen immer wieder Beispiele der Übernahme von Spezialistengruppen und sogar ganzer Firmen, dass deren Wissen nur unzureichend genutzt wird, wenn es keine Management- und Entwicklungskompetenz gibt (siehe hierzu das Problem des »not invented here« in Teil A, Kap. 3.1).

EIN UNTERNEHMEN MUSS DURCH FREMDES WISSEN NICHT NOTWENDIG »SCHLAUER« WERDEN!

2.3.4 Wissenserwerb von wichtigen Zielgruppen

Die Kunden wissen es häufig am besten

Ein marktgerechter Weg, sich Wissen zu beschaffen, ist der enge Kontakt zu den eigenen Zielgruppen, wie zum Beispiel Kunden. Sie können in die Produktentwicklung einbezogen sein, wie es der Jeanshersteller LEVIS vormacht.

Mitarbeiter des schwedischen Bekleidungsherstellers HENNES & MAURITZ halten sich regelmäßig an den wichtigsten Stellen auf, an denen sich neue Mode zeigt – sei es die

Berliner Love Parade, sei es eine internationale Modenschau. Die neuen Trends geben geschulte Beobachter (»Scouts«) blitzschnell an die Zentrale weiter, die schon im Vorfeld Designer und Produktionsstätten in Asien beauftragt hat. So kommt die angesagte Mode auf schnellstem Weg in die Regale der Händler.

»Scouts« im Umfeld geben Informationen blitzschnell an das Unternehmen weiter

METTLER TOLEDO, Hersteller von Präzisionswaagen, lässt seine Entwickler beim Kunden arbeiten, zum Beispiel in einer Großbäckerei, um die Erfahrungen und Erkenntnisse für die Optimierung von Produkten und neuen Produktideen zu nutzen. HENNES & MAURITZ beschäftigt seine Führungskräfte nur einen begrenzten Teil ihrer täglichen Arbeitszeit tatsächlich mit Führungsaufgaben. Die meiste Zeit des Tages sollen sie an der Theke und der Kasse stehen, um Kunden zu betreuen.

Teilnehmende Beobachtung beim Kunden

In Zusammenarbeit mit den Kunden kam ein Computerprogramm zu Stande: Dieter Schultze setzte sich in den Kopf, gemeinsam mit den späteren Nutzern eine Software zur Buchhaltung zu entwickeln, die auch Handwerker ohne Soll- und Haben-Kenntnisse verstehen. Heraus kam »Clarina«, für Betriebe mit fünf bis zehn Mitarbeitern.

Apropos Computer: Das Internet bietet schon seit langem die Möglichkeit, sich Beta-Versionen von neuen Programmen herunterzuladen und zu testen. Auf eigens erstellten Fragebögen können die Nutzer ihre Erfahrungen und Verbesserungsvorschläge weitergeben.

Kunden testen Produkte im Internet

2.3.5 Wissensprodukte

Externes Wissen kann durch den Kauf von Produkten und Leistungen in ein Unternehmen gelangen, wie zum Beispiel Software, Patente oder CD-ROMs.

Wissen in Konserven

Wichtig: Hier wie in allen anderen Möglichkeiten für den externen Wissenserwerb müssen die neuen Informationen durch Anwenden und Verknüpfung mit vorhandenem Wissen in unternehmensbezogenes Wissen umgewandelt werden.

3 WISSEN SPEICHERN

Auswählen, Dokumentieren und Aktualisieren

Aufgabe der Wissensspeicherung ist es, Transparenz über das vorhandene Wissen herzustellen, es zu erhalten und Vergessen zu verhindern. Ein Unternehmen kann Wissen auf unterschiedliche Weise verlieren:

Wie Unternehmen ihr Wissen verlieren:

Mitarbeiter scheiden aus

- Mitarbeiter scheiden aus dem Unternehmen aus. Dies führte beispielsweise in der Lackiererei von VW dazu, dass die Produktion stillstand: Die erfahrenen Mitarbeiter waren durch Vorruhestand ausgeschieden und die nachgerückten Mitarbeiter konnten die auftretenden Probleme nicht lösen.

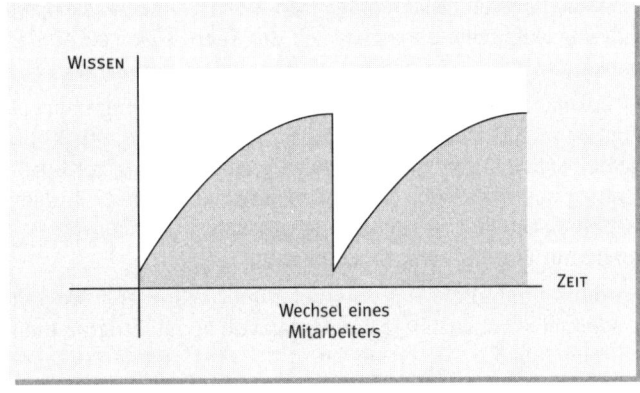

Häufige Neubesetzungen

Abb. 3.1: So ändert sich das Wissen beim Wechsel eines Mitarbeiters

Mangelnder Austausch zwischen Abteilungen

- Häufige Neubesetzungen: Wird das Wissen nicht am alten Arbeitsplatz weitergegeben und am neuen Arbeitsplatz nicht eingesetzt, geht es verloren. Laut der Studie des EDV-Analysten IDC gehen fast 5 Prozent des Firmen Know-hows durch Fluktuation verloren.

- Mangelnder Austausch über Funktionsgrenzen hinweg: Jeder Bereich hortet sein Wissen und gibt es nicht weiter. Kompetenzen, die zu neuen Lösungen führen könnten, indem Wissen auf neue Gebiete übertragen wird, bleiben ungenutzt.

Erfolgreiche Lösungen werden nicht dokumentiert

- Ein Team mag eine gute Idee gehabt und sie auch erfolgreich umgesetzt haben, aber es fehlt häufig an Zeit und einem Verantwortlichen, dies auch entsprechend zu dokumentieren, damit auch andere davon profitieren können.

- »Outsourcing« unterstützt zwar den Stellenabbau in den Unternehmen, indem Bereiche, die nicht zu den Kernprozessen des Unternehmens gezählt werden, ausgelagert und als externe Dienste angeboten werden; jedoch geht durch das externe Erbringen von fertigen Leistungen jenes Wissen verloren, das auf andere Bereiche innerhalb des Unternehmens übertragen werden könnte.

Wissensverlust durch Outsourcing

Ist Wissen nicht festgehalten und schnell verfügbar, müssen sich die Mitarbeiter die Informationen mühsam und aufwändig zusammensuchen. Das kostet Zeit und Geld.

Wissensverlust durch Weggang von Mitarbeitern verringern

Der Computer ist zentrales Element

Die moderne Computertechnologie bietet als elektronisches Gedächtnis viele Möglichkeiten, Wissen aufzubewahren.

Die Geister werden sich jetzt scheiden, ob es sich hierbei tatsächlich um »Wissen« oder nur um »Informationen« handelt, weil die Inhalte nicht durch einen Menschen samt seinem Hintergrund vernetzt sind. Der Vollständigkeit halber sei hier auf diesen Unterschied hingewiesen, aber es wird dennoch weiterhin der Begriff »Wissen« verwendet.

Formatierte Daten wie Datenbanken, Statistiken und Kalkulationen werden mittels eines DATA-WAREHOUSE verwaltet; unstrukturierte Daten wie zum Beispiel Texte, E-Mail, Grafik und Images erfordern ein funktionierendes Dokumentenmanagement. Personen strukturieren, verteilen, suchen und kommunizieren mit Groupware und im Intranet.

In einem DATA-WARE-HOUSE werden Daten verwaltet und dokumentiert

Allerdings: Gerald Lembke berichtet in seinem hervorragenden Internet-Managementdienst »News Management-Forum« vom Dezember 1999, dass sich ein Trend immer deutlicher abzeichnet: Die Entwicklung der Technik scheint überhand zu nehmen. Er kommentiert:

Eine Datenbank kann Informationen speichern, aber kein Unternehmenswissen erzeugen

»Was sagt uns das? Einerseits beschränken wir uns auf das Machbare, auf den leichtesten Weg, befriedigen unseren Spieltrieb in Intranets und Datenbanken. Eine Datenbank ist oft schneller entwickelt als ein Mitarbeiter. Andererseits überfordert uns die langfristige und strategische Perspektive dieses Konzeptes, von dem die überwältigende Mehrheit überzeugt ist, es sei ein Konzept der Zukunft.«

Abb. 3.2: Eine Datenbank allein verankert noch kein neues
Wissen im Unternehmen

Und die Beratungsgesellschaft ARTHUR ANDERSEN sagt:

>TECHNOLOGIE ALLEIN KANN KEIN WISSEN GENERIE-
REN. TECHNOLOGIE KANN NUR UNTERNEHMENSWISSEN
FÖRDERN.<

Anforderungen an das Speichern	Beides, Mitarbeiter und Technik, müssen im Wissensmanagement gleichermaßen beachtet werden.
	Folgende Anforderungen gibt es an das Speichern von Wissen: Es ist
Überschneidungsfrei	• überschneidungsfrei: Es dürfen keine Doppelungen auftreten, damit die Nutzer nicht über unterschiedliche Autoren und unklare Aktualitäten verwirrt werden.
Auffindbar	• auffindbar: Wer sucht schon stundenlang nach Wissen, das er schnell für seine Arbeit benötigt?

- zugänglich: Was nutzt das beste Wissen, wenn die Mitarbeiter keinen Zugang zu ihm haben? Alle müssen darauf zugreifen können, die es für ihre Aufgaben benötigen.

Zugänglich

3.1 Schritte der Speicherung

1. ENTWICKELTES WISSEN MUSS EXPLIZIT VORLIEGEN, damit es erfasst werden kann, doch im Berufsalltag ist es meist implizit und unbewusst: So kann der Mitarbeiter an einer Maschine schon am feinsten Geräusch erkennen, ob sie funktioniert oder wo etwas klemmt. Nur er selbst verfügt über dieses Wissen. Wissensmanagement sollte ihn in die Lage versetzen, sein Wissen in einer klaren, verständlichen Sprache festzuhalten, damit auch sein Nachfolger davon profitieren kann. Hierbei können ihm Metaphern, Analogien und Modelle helfen (»Diese Maschine funktioniert wie ein Staubsauger«).

Implizites unbewusstes Wissen muss explizit gemacht werden

»Diese Maschine funktioniert wie ein Staubsauger«

2. DAS WISSEN WIRD GEPRÜFT, ob es irgendwo anders bereits vorhanden ist.

3. DAS WISSEN WIRD KLASSIFIZIERT, zum Beispiel nach Prioritäten, Kernprozessen, Anwendungen, Zugriffsgenehmigungen. Nicht jedes Wissen sollte gespeichert werden (geheime Informationen). Wissen, das gespeichert wird, sollte bewertet und sortiert sein.

Wissen sollte sortiert und bewertet sein

WISSEN SOLLTE SORGFÄLTIG AUSGEWÄHLT UND BEWERTET WERDEN, DAMIT KEINE DATENFRIEDHÖFE ENTSTEHEN.

Wissensmanagement sollte dafür sorgen, dass Wissen aus Geschäftsprozessen und Aktivitäten strukturiert zugänglich gemacht wird.

Die Frage ist, welche Wissensgruppen dies gewährleisten? Kundenwissen, Wettbewerberwissen, Verträge, Beziehungsmanagement, Netzwerk von Fachleuten?

Welche Wissensgruppen?

Welche Struktur muss es geben, damit die Mitarbeiter jenes Wissen schnell und gezielt finden, das sie zum Erreichen ihrer Ziele brauchen und um die Wissensbasis gezielt zu erweitern?

Welche Wissensstruktur?

Die LUFTHANSA unterscheidet beispielsweise in:
- Wissen für/über Mitarbeiter
- Wissen für/über Geschäftspartner
- Wissen für/über Märkte
- Wissen für/über Kunden

Solche Themenstrukturen und Schlagwörter ermöglichen, Wissen gezielt zuzuordnen und zu speichern.

WISSEN WIRD MIT SCHLÜSSELWÖRTERN VERBUNDEN, DIE IN EINEM ZUSAMMENHANG STEHEN UND EINEN RASCHEN ZUGRIFF ERMÖGLICHEN.

Wie Wissen sortiert wird

NACH DIESEN THEMEN SORTIEREN FIRMEN IHR WISSEN
- Methoden (etwa 80 Prozent der Dienstleister)
- Produkte (etwa 60 Prozent der Industrieunternehmen)
- Kunden (fast 60 Prozent der Dienstleister)
- Märkte (fast 30 Prozent aller Firmen)
- Wettbewerber
- (Informations-)Technologie
- Patente
- Mitarbeiter

Fraunhofer-Institut für Produktionsanlagen und Konstruktionstechnik

Abb. 3.3: Themen für das Speichern von Wissen

4. LETZTER SCHRITT IST DAS PHYSISCHE SPEICHERN. Dies geschieht auf drei Ebenen:
- Auf der persönlichen Ebene können Mitarbeiter, die Entscheidendes wissen, durch Geld oder andere Anreize an das Unternehmen gebunden werden.
- Auf der kollektiven Ebene kann sich ein Unternehmen darum bemühen, Wissen und Erfahrungen mit Prozessen im Unternehmen zu speichern, um später auf diese Erfahrungen zurückzugreifen.
- Die elektronische Ebene betrifft den Zugriff auf zentrale Wissensdokumente.

Noch einmal ...

Um wertvolle Expertise (höchste Stufe der fachlichen Kompetenz) nicht leichtfertig preiszugeben, muss Bewahrenswertes erkannt und die Speicherung und regelmäßige Aktualisierung systematisch gestaltet werden. Jedes Unternehmen gewinnt täglich viele Erfahrungen, die nützlich werden können und bewahrt werden sollten – Projektberichte, Sitzungsprotokolle, Briefe oder Präsentationen. Die Herausforderung liegt in der Auswahl zwischen dem bewahrungswürdigen und nicht bewahrungswürdigen Wissen. Leitregel:

*Bewahrenswertes
auswählen und sichern*

> *NUR WAS IN DER ZUKUNFT FÜR DRITTE NUTZBAR SEIN
> KÖNNTE, SOLLTE BEWAHRT WERDEN.*

Alles andere raubt dem zukünftigen Nachfrager nur Zeit und Vertrauen in die Qualität der Dokumentation.

Bewahren ist ein kontinuierlicher Prozess, der durch permanentes Aktualisieren aufrechterhalten werden muss. Veraltete Speichersysteme sind tote Speichersysteme. Wer seine Fähigkeiten nicht trainiert oder Prozesse nicht am Laufen hält, der verlernt über kurz oder lang das mühevoll Erlernte.

Bewahren ist ein kontinuierlicher Prozess

3.1.1 Speichermedium Datenbanken

Wesentliches Instrument zur Informationsspeicherung sind elektronische Datenbanken. Eine Datenbank ist die gemeinsame Verwaltung logisch zusammengehöriger Dateien. Dabei werden neben den reinen Daten oft auch komplexe Zusammenhänge, Verfahren und Prozesse abgebildet. Neben innerbetrieblichen Datenbanken sind aber auch externe Datenbanken von Bedeutung, die beispielsweise die langfristigen Entwicklung eines bestimmten Marktes aufzeigen.

Eine Datenbank ist die gemeinsame Verwaltung logisch zusammengehöriger Dateien

An Daten besteht in keinem Unternehmen Mangel und täglich werden es mehr – Daten über Bestellungen, Lieferungen, Transporte etc. Eine Herausforderung ist es, diese Daten bedarfsgerecht zu nutzen: Dazu gehört es, wichtige Informationen zu filtern, sie zu unternehmensrelevantem Wissen anzureichern und so eine Wissensgrundlage zu schaffen, auf der sich gesicherte strategische Entscheidungen fällen lassen.

*Daten müssen
aufbereitet werden*

Bei SIEMENS stellt die Intranet-Datenbank SIS eines der wichtigen technischen Instrumente zum Wissensmanagement dar. Sie unterstützt die Fachprozesse durch das Erfassen und Bereitstellen von tagesaktuellen Informationen. Eine Fachredaktion bearbeitet die eingehende Post, stimmt sie mit Produktexperten ab und stellt sie ins Netz. Diese Informationen stehen weltweit allen Mitarbeitern zur Verfügung. Laut Einschätzungen des Projektleiters ist SIS sehr erfolgreich: In den Foren gehen wöchentlich zwischen 20 und 40 Lösungstipps ein.

Projektdatenbank Beratungsgesellschaften nutzen Projektdatenbanken: Jedes bearbeitete Projekt wird hinsichtlich der Probleme des Klienten, der Ergebnisse samt aller verwendeten Charts und der beteiligten Berater archiviert. Gleichzeitig erfüllt die Datenbank die Voraussetzung für einen internen Wissensmarkt und die damit mögliche wissensorientierte Entlohnung der global tätigen Berater (siehe das Praxisbeispiel in Teil C).

Methodendatenbank Eine Methodendatenbank umfasst eine Sammlung von Methoden und unterstützt deren Verwaltung, Manipulation und Anwendung. Das Wissen einer Methodendatenbank liegt darin begründet, dass sie den Nutzer bei der Methodenvorbereitung führt und die Interpretation der Ergebnisse unterstützt.

Modelldatenbank Modelldatenbanken enthalten Modelle, die für bestimmte Probleme, zum Beispiel eine Absatzprognose, eine geeignete Verbindung zwischen Daten- und Methodendatenbanken herstellen. Die Leistung der Modelldatenbank liegt also darin, für die Bearbeitung der Inhalte spezifischer Datenbanken die entsprechenden Werkzeuge aus der Methodendatenbank zur Verfügung zu stellen.

Daten-Warenhäuser

Ein Data-Warehouse führt Daten auf einer einheitlichen Plattform zusammen Das Problem vieler Datenbanken ist, dass sie Informationen strukturlos ansammeln. In dieser Vielfalt findet sich kein Anwender zurecht. Data-Warehouse bedeutet, dass im Rahmen der Datenspeicherung eine zielorientierte Vorauswahl getroffen wird.

Ein Data-Warehouse löst zwei Probleme: Es führt Informationen zusammen, die in unterschiedlichen Datenbanken verstreut sind; es vereinheitlicht Formate, denn die Daten liegen in den unterschiedlichen Datenbanken auch in unterschiedlichen Formaten vor (zum Beispiel in WORD, EXCEL etc.).

So entsteht eine konsistente Datengrundlage, bereinigt von Unstimmigkeiten, wie zum Beispiel eventuelle Fehler in der Datenstruktur, Falscheinträge oder unterschiedliche Schlüssel für gleiche Kundengruppen. Außerdem wird darauf geachtet, dass die Daten überschneidungsfrei sind und für Analysen kombiniert werden können.

Ein Beispiel: Ein Gartencenter will als Kundenprofil kennen,
- was Herr Meier einkauft,
- wie alt er ist,
- wie er wohnt,
- ob er einen eigenen Garten hat,
- ob er Kinder hat und wie alt sie sind,
- welche Hobbys er hat.

Welche Daten werden wozu gebraucht?

Die Datenstruktur des Data-Warehouses soll in diesem Falle sicherstellen, dass, wenn Herr Meier im Frühjahr einen Rasenmäher kauft, er im Herbst von seinem Gartencenter einen Brief mit dem Angebot bekommt, das Gerät winterfest zu machen, damit es auch im nächsten Frühjahr wieder anspringt.

Im Data-Warehouse können auch Verkaufsdaten, kundenspezifische Warenkörbe, tageszeitgenaue Kundenfrequenzen und Lieferantendaten gespeichert werden.

Ein Data-Warehouse hilft, die Kernprozesse eines Unternehmens effektiver zu gestalten

Ein Data-Warehouse hilft, Informationen schneller verfügbar zu machen und es auch in der Folge zu ermöglichen, diese Informationen so einzusetzen, dass die Kernprozesse von Unternehmen effektiver gestaltet werden können. Die Zukunft liegt darin, Daten und Ergebnisse aktiv an die Mitarbeiter zu verteilen, die auf deren Grundlage Entscheidungen fällen.

80 Prozent der Informationen liegen unstrukturiert vor

Ein Data-Warehouse kann aber nur strukturierte Daten lagern, wie zum Beispiel Umsatz- und Absatzzahlen, und diese nach vorgegebenen Strukturen wie Produkt- und Kundenmerkmalen auswerten. Diese strukturierten Daten bilden aber nur einen kleinen Teil der Informationen, die es in einem Unternehmen gibt. Experten gehen davon aus, dass 80 Prozent der Informationen unstrukturiert vorliegen, zum Beispiel explizit in Außendienstberichten, Präsentationen und Produktanleitungen oder als implizites Wissen in den Köpfen der Mitarbeiter.

»DATA-MARTS« beziehen sich nur auf einen Teil des Unternehmens

»DATA-MARTS« sind Fachabteilungen in einem Warenhaus vergleichbar: Sie beziehen sich nur auf einen Teil des Unternehmens und sind dadurch einfacher und schneller zu erstellen als ein Data-Warehouse. Data-Marts können wie Module zu einem Data-Warehouse zusammengestellt werden und sind deshalb ein guter Einstieg in Warehousing.

Analysemöglichkeiten eines Data-Warehouses

Es gibt zwei wichtige Analysemöglichkeiten eines Data-Warehouses:

OLAP (Online Analytical Processing)

1. OLAP (Online Analytical Processing) beantwortet Fragen wie: *»Welches Produkt wurde im Zeitraum X im Gebiet Y am besten verkauft?«*

Datamining

2. DATAMINING liefert Antworten zu Fragen wie: *»Warum hat sich dieses Produkt am besten verkauft?«* Datamining dient also dem Aufdecken von Mustern und Trends in Daten. In einem bekannten Beispiel hat eine Handelskette durch Datamining entdeckt, dass am frühen Abend häufig Bier und Windeln gemeinsam in einem Einkaufskorb landen. Grund: Nach Feierabend kaufen viele junge Väter noch schnell die benötigten Windeln und belohnen gleichzeitig ihren Einsatz für Haushalt und Familie mit ein paar Flaschen Bier. Folge: Das Handelsunternehmen platzierte beide Produkte nebeneinander.

3.1.2 Bibliotheken, Archive

Der Zugang zu Archiven wird durch Computer erleichtert

Bibliotheken und Archive ermöglichen den Zugang zu Büchern, Fachzeitschriften und anderen Veröffentlichungen. Sie sind in den meisten Unternehmen bereits vorhanden und müssen hier nicht mehr erläutert werden. Diese Systeme werden in jüngster Zeit durch Informationsportale ergänzt, die im Intranet einen einfachen und einheitlichen Zugang zu diesen und anderen, gegebenenfalls externen Informationsquellen bieten (siehe auch Kapitel 4.2).

Virtuelle Bibliothek

Ständig aktuell

In virtuellen Bibliotheken im Intranet können die Mitarbeiter gezielt nach Unterlagen suchen; das Ergebnis erhalten sie in elektronischer (digitaler) Form oder sie erfahren den Standort des Dokuments. Die Suche in der virtuellen Bibliothek wird über Schlagwörter, Titel, Autoren oder die Art des Dokuments unterstützt.

Wie in einer »richtigen« Bibliothek darf hier nicht jeder alles machen: Nur wenige Verantwortliche bestimmen über die Inhalte, auf die alle Mitarbeiter zugreifen dürfen, ein Berechtigungssystem verhindert unerlaubte Einsicht in Unterlagen.

Ein Berechtigungssystem verhindert unerlaubte Einsicht in Unterlagen

Die virtuelle Bibliothek hat gegenüber der traditionellen den großen Vorteil, dass die Dauer der Veröffentlichung automatisch festgelegt werden kann, sodass nach einer bestimmten Zeit das Dokument nicht mehr erscheint, sondern archiviert wird.

3.1.3 Lessons Learned

»Hauptsache, man hat seine Lektion gelernt« – was der Volksmund weiß, gilt auch für das Wissensmanagement: Zum Beispiel kann ein Projektteam nach Ende des Projektes die gemachten Erfahrungen durchgehen, das Projekt und seinen Verlauf einschätzen, wichtige Wissensinhalte festhalten und die Erfahrungen samt Erfolgen und Misserfolgen (»Do's and dont's«) dokumentieren. Diese gelernten Lektionen (»Lessons Learned«) dienen künftigen Teams, ähnliche Fehler zu vermeiden. Die Philosophie bei BP (British Petroleums) lautet: »Every time we do something again, we should do it better than the last time.« (Wenn wir etwas noch einmal tun, sollten wir es besser machen als zuvor.)

Erfahrungsberichte

In einem Katalog sind gute und schlechte Erfahrungen in Zusammenhang mit der Lösung eines Projektes dokumentiert. Dabei ist immer auch eine Erklärung, warum es zu diesen Erfahrungen kam. Dies beinhaltet, dass Fehler nichts prinzipiell Schlechtes sind – außer, man lernt nicht aus ihnen. Und nur das wird als Erfolg gewertet, was erklärt – also auch bewusst wiederholt – werden kann.

Ein Katalog dokumentiert gute und schlechte Erfahrungen

Häufig werden unterschiedliche Einschätzungen erst durch solche Abschlussbewertungen sichtbar und können damit für die Beteiligten eine wertvolle Quelle zur Überprüfung der eigenen Arbeit darstellen. »Lessons Learned« präsentieren

WARUM ist etwas ein Erfolg oder ein Misserfolg?

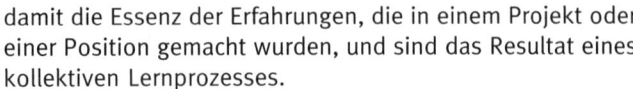

damit die Essenz der Erfahrungen, die in einem Projekt oder einer Position gemacht wurden, und sind das Resultat eines kollektiven Lernprozesses.

Bei der Pharmafirma SOLVAY veröffentlichen alle vier Unternehmensbereiche – Chemie, Kunststoffe, Kunststoffverarbeitung und Pharma – regelmäßig ihre Erfahrungen, die andere Abteilungen übernehmen können.

4 WISSEN VERTEILEN

Verteilen ist die Voraussetzung für Nutzen

Das Verteilen von Wissen im Unternehmen ist die Voraussetzung, um Wissen nutzen zu können. Sind die Berichte der Marktforscher den Produktentwicklern nicht bekannt, können diese die Kenntnisse nicht für die Entwicklung neuer Leistungen nutzen. Die zentralen Fragen lauten:

1. Wer benötigt Wissen?
2. Welches Wissen soll transportiert werden?
3. Wie soll das Wissen transportiert werden?

Ziel ist das schnelle, aktuelle und korrekte Übermitteln von Wissen: Nicht ohne Grund sind Gespräche mit Kollegen und kurze Anrufe beliebter als eine ausgiebige Recherche in einer Datenbank oder einer Bibliothek.

Regelmäßig Zeit einplanen, um sein Wissen mit anderen zu teilen

Im Beratungsunternehmen ARTHUR ANDERSEN ist jeder Mitarbeiter verpflichtet, täglich 15 Minuten darauf zu verwenden, sein Wissen mit anderen zu teilen und seine Erfahrungen an Kollegen weiterzugeben. Die Mitarbeiter geben Beschreibungen ihrer aktuellen Arbeit sowie besondere Erfahrungen und Schwierigkeiten in ein Datennetz ein. Zahl und Qualität der Beiträge fließen in die Gehaltsfindung ein! Das gesammelte Wissen ist in einer Datenbank gespeichert und als Ressource verfügbar (siehe hierzu auch das Beispiel von BOOZ·ALLAN & HAMILTON; Teil C, Kap. 1).

Welche Erfahrungen haben Mitarbeiter weltweit in unterschiedlichen kulturellen Kontexten?

Internationales Verteilen wird immer wichtiger, damit die Mitarbeiter von weltweit tätigen Unternehmen ihre Kollegen in anderen Ländern über ihre speziellen Erfahrungen oder Kenntnisse befragen können, auch wenn der gesuchte Experte aus Asien oder Amerika kommt. Hierzu muss er auf Hilfsmittel zurückgreifen können. Die Technik ermöglicht heutzutage, Wissen zeitgleich im Unternehmen zu verteilen und den Austausch von Beteiligten unabhängig von Zeit und Raum zu gewährleisten. Beim Verteilen ist zu beachten, dass Wissen nicht verändert wird, zum Beispiel durch fehlerhaftes mündliches Übertragen.

Verteilungsstrategien unterscheiden sich dadurch, ob das Wissen aktiv verteilt wird und der Mitarbeiter Informationen automatisch auf den Tisch bekommt (»push«), oder ob sich der Mitarbeiter das Wissen abholen muss (»pull«), das Wissen wird hier also fallspezifisch auf Abruf zur Verfügung gestellt. Erfahrungen in den Unternehmen zeigen, dass eine Kombination aus Bereitstellen und Abrufen die besten Ergebnisse erzielt.

»Push« oder »pull«: aktives oder passives Verteilen

Nicht jedes Wissen lässt sich gleich gut verteilen: Allgemeine Informationen, zum Beispiel über die Firmenstrategie, werden meist automatisch an alle Mitarbeiter verteilt oder diese haben Zugriff durch Computernetze.

Wissen eignet sich unterschiedlich gut zum Verteilen

Komplexe und erklärungsbedürftige Inhalte müssen eher persönlich übermittelt werden. Dies trifft auch für das Weitergeben von Wissen zu, das nicht sprachlich vorliegt. Das ist vergleichbar mit einem Meister, der seinem Lehrling die Tipps und Tricks seines Handwerks beibringt. Diese Übertragung kann verlaufen, indem Verhaltensweisen und Reaktionsmuster beim Gegenüber beobachtet und übernommen werden.

Vielfach ist persönliche Übermittlung nicht durch Technik zu ersetzen

Barrieren können das Verteilen behindern

Das Verteilen von Wissen kann durch mehrere Barrieren gebremst werden: Eine der häufigsten ist die fehlende Bereitschaft. Diese Einstellung geht grundsätzlich auf die starke Kultur der Individualisierung in den Unternehmen zurück (siehe auch Teil A, Kap. 3); es handelt sich um dauerhafte und gefestigte Werte und Normen, die nur schwer und langsam zu ändern sind.

Fehlende Bereitschaft zum Teilen

Mittlerweile haben die Unternehmen erkannt, wie schädlich eine solche Haltung für die Produktivität ist: Sie lähmt Zusammenarbeit, Kommunikation und den Austausch von Wissen; sie führt dazu, dass Produkte aus zugekauften Unter-

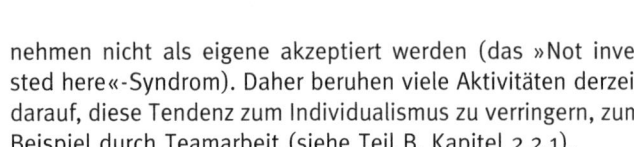

nehmen nicht als eigene akzeptiert werden (das »Not invested here«-Syndrom). Daher beruhen viele Aktivitäten derzeit darauf, diese Tendenz zum Individualismus zu verringern, zum Beispiel durch Teamarbeit (siehe Teil B, Kapitel 2.2.1).

4.1 Kommunikationsforen

Gelegenheit zum Austausch zwischen Mitarbeitern schaffen

Mitarbeiter tragen Wissen in sich, das sie nicht ohne weiteres weitergeben können, weil sie es durch Erfahrungen und Erlebnisse in jahrelanger Berufstätigkeit erworben haben. Es ist daher sinnvoll, Gelegenheiten zu schaffen, zu denen sich Mitarbeiter austauschen können. Durch systematisches Rückkoppeln kann geprüft werden, ob das jeweilige Wissen angekommen ist und ob es nützlich war.

Kontinuierlicher Austausch im Unternehmen wird durch formelle Gruppenbesprechungen wie zum Beispiel News-Groups im Intranet (siehe Kap. 4.2) und informelle Foren möglich, wie zum Beispiel Kantine, Flurgespräche und E-Mail. Mitarbeiter müssen diese Möglichkeiten regelmäßig nutzen können. Dies fördert eine offene und kommunikative Unternehmenskultur.

Beispiele aus der Praxis

Das Berliner Multimediaunternehmen PIXELPARK veranstaltet Besprechungen, »Pixelvision« genannt, die nicht auf ein bestimmtes Projekt bezogen sind. Diese regelmäßigen Treffen zur allgemeinen Weiterbildung und Information werden auf Video aufgezeichnet, digitalisiert und allen Mitarbeitern zur Verfügung gestellt. Wichtig ist, dass Einfälle überhaupt erst ausgesprochen werden – und mögen sie auf den ersten Blick noch so verquer sein (nach diesem Prinzip funktioniert bekanntlich auch das »Brainstorming«).

Die PLAUT CONSULTING in München hat einen virtuellen Treffpunkt: den MeetingPoint. Es handelt sich um ein Kommunikationsforum, das aus vier Bereichen besteht:

1. Plaut Global: das Infoboard für offizielle Informationen (nach Landesgesellschaften unterteilt),

2. Plaut Products: Informationen über die von PLAUT angebotenen Leistungen,

3. Forum: Frage- und Diskussionsforum mit Marktplatz,

4. Internet: Sammlung von Internet-Links zu verschiedenen Inhalten.

Sogar die Mittagspause kann zum Wissenstransfer genutzt werden. Ein mittelständischer Dienstleister nutzt Pausen, um den Erfahrungsaustausch zu fördern: Während der Mittagszeit stellen einzelne Mitarbeiter ihren Kollegen einmal pro Woche neue Softwareprodukte, veränderte Dienstleistungen oder einfach die Aufgaben ihrer Abteilung vor. Die Teilnahme an diesen Veranstaltungen ist freiwillig, das Unternehmen stellt die Verpflegung. Der Veranstaltungsplan wird drei bis vier Monate im Voraus von der Personalleitung festgelegt und veröffentlicht. Er orientiert sich am Informationsbedarf der Mitarbeiter und den Bedürfnissen des Unternehmens. So signalisierten beispielsweise die Ergebnisse einer Umfrage, dass die Buchhaltung bei den anderen Mitarbeitern nur wenig Akzeptanz besaß. Im Anschluss an die Befragung wurde daher eine Informationsveranstaltung anberaumt, in der Mitarbeiter der Buchhaltungsabteilung dieser negativen Einschätzung entgegenzuwirken versuchten.

Sogar die Mittagspause kann zum Wissenstransfer genutzt werden

»Keine Zeit«, werden viele Manager jetzt sagen. Wie wäre es mit folgendem Vorschlag? Einmal pro Woche fassen Mitarbeiter auf einer Seite zusammen, was sie in dieser Woche gelernt haben und was für Kollegen wichtig ist. Dieses Ergebnis stellen sie in der nächsten Mitarbeitersitzung vor.

4.2 Computersysteme

Neben dem Speichern von Wissen liegt der zweite Schwerpunkt des Einsatzes von Informationstechnologie im Wissensmanagement im Verteilen von Wissen.

Wissen verteilen durch Computer

Wissen entsteht durch die Zusammenarbeit von Menschen. Im Zeitalter zunehmender Internationalisierung ist jedoch die Zusammenarbeit an einem Ort und zur gleichen Zeit immer weniger möglich. Unterschiede in Raum und Zeit lassen sich aber durch Computersysteme überbrücken.

4.2.1 Groupware

Groupware ist eine Software (Computerprogramm), mit der das Verteilen von Wissen in einer Gruppe von Nutzern koordiniert und Arbeitsprozesse effizienter gestaltet werden können. Zu den Anwendungen von Groupware gehören alle Systeme für textbasierte Nachrichtenübermittlung (Messaging),

Verteilen in einer Gruppe

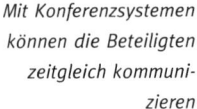

Mit Konferenzsystemen können die Beteiligten zeitgleich kommunizieren

die zeitversetzt erfolgt; das heißt, eine Mitteilung geht zeitlich verzögert beim Adressaten ein. Mit Konferenzsystemen können die Beteiligten zeitgleich kommunizieren.

Klassiker der Groupware-Systeme ist LOTUS NOTES: Es bietet umfangreiche E-Mail-Anwendungen, in Datenbanken lassen sich nicht oder nur schwach strukturierte Informationen ablegen und verwalten. LOTUS NOTES beinhaltet Zeitplaner, mit denen die Anwender ihre Besprechungstermine schnell und überschneidungsfrei koordinieren können. Ein Aufgabenmanager ermöglicht das Erstellen und Prüfen von Aufgabenlisten. NOTES dient aber vor allem als Plattform für spezielle Anwendungen, die Teamarbeit und Arbeitsflüsse unter einer einheitlichen Oberfläche unterstützen.

4.2.2 Intranet

Unternehmensweite Arbeits- und Wissensplattform

Das Intranet hat herausragende Bedeutung im Wissensmanagement. Viele Unternehmen setzen es ein oder bauen eines auf. Es sieht aus wie sein großer Bruder, das Internet, und funktioniert auch so: Es ist Kommunikations- und Arbeitsplattform, auf der Daten in Text, Bild und Ton auf elektronischem Wege (digitalisiert) schnell und zu relativ niedrigen Kosten übertragen werden können. Und das unabhängig von Ort, Zeit und Hierarchie. Es hat interaktive Elemente (zum Beispiel Newsgroups, Chat, Videokonferenz), die einen direkten Austausch (»realtime«) ermöglichen, also auch die Beziehungsebene beeinflussen.

Das Intranet ist meist nicht von außen zugänglich

Ein Intranet ist meist nicht von außen zugänglich, um Datensicherheit zu gewährleisten. Der Zugang zum Intranet kann unabhängig vom Zugang zum Internet eingerichtet werden, Nutzer können aber auch beide Services nutzen. So wird der Aufbau eines Intranets natürlich für die Firmen billiger, die schon an das Internet angeschlossen sind.

Das Intranet kann sich an alle Mitarbeiter richten. Der Zugang erfolgt einheitlich über einen standardisierten Browser, ein Programm zum Betrachten der Seiten. Für gewerbliche Mitarbeiter ohne Computerarbeitsplatz bietet sich das Einrichten von Infoterminals (»Point of Information«) an zentralen Stellen des Unternehmens an.

Im Intranet können aber auch geschlossene Nutzerkreise bestimmt werden, an die sich spezielle Angebote richten, wie zum Beispiel an Führungskräfte oder Mitglieder eines Projektes.

Geschlossene Nutzerkreise können gezielt angesprochen werden

Wird das Intranet auf Externe erweitert, wie zum Beispiel Agenturen, Berater, Kunden, Mitgliedsfirmen, spricht man vom EXTRANET.

Das EXTRANET ist nach außen gerichtet

Die Informationsangebote können also exakt auf den Informationsbedarf der Bezugsgruppen abgestimmt werden

Intranet – ein Baukasten

Das Intranet ist ein Bausatz, aus dem sich das Unternehmen einzelne Bausteine zusammensetzt. Bevor es sich zur »Firmenspielwiese« entwickelt, was es oft tut, sollte jedes Unternehmen prüfen, was genau es mit dem Intranet bezweckt: Dient es zur Information oder ist es eine zentrale Arbeitsplattform? Soll es nur aktuelle Informationen bieten oder auch Austausch ermöglichen? Haben alle Zugang oder ist er auf bestimmte Bezugsgruppen begrenzt?

Information, Kommunikation, Transaktion

Die Möglichkeiten des Intranets lassen sich mit drei Begriffen beschreiben: Information, Kommunikation, Transaktion:

INFORMATION

Informationen, wie zum Beispiel Statusberichte, Datenbanken, Produktinformationen, Projektpläne, stehen zentral zur Verfügung. Ein Beispiel: Wenn ein Mitarbeiter der Münchener Firma INFORMIX einen Verbesserungsvorschlag hat, hängt er ihn ans schwarze Brett – allerdings nicht auf einem Papierzettel, sondern als elektronische Nachricht in einem eigens dafür eingerichteten Online-Forum, wie es sie im Internet zu Zehntausenden gibt. Der einzige Unterschied: Statt von Millionen PC-Besitzern in aller Welt können diese Firmeninterna nur von den rund 360 INFORMIX-Mitarbeitern in Deutschland, Österreich und der Schweiz gelesen werden.

Informationen stehen zentral zur Verfügung

Andere Firmen verteilen keine gedruckten Marketingbroschüren mehr, sondern der Verkaufsleiter führt dem Kunden die Vorzüge der Firmenprodukte am Bildschirm vor. Das gute alte Telefonbuch wird ausgemustert und durch eine Computerausgabe ersetzt, die sich jeder Mitarbeiter vom Zent-

Information wird
zur Holschuld

ralrechner herunterladen kann – zu jeder Zeit und unabhängig vom Ort. Der Mitarbeiter selbst hat es in der Hand, sich Informationen zu besorgen – Information wird zur Holschuld.

KOMMUNIKATION

Aktiver, zeitgleicher und hierarchieunabhängiger Austausch

Das Intranet ermöglicht aktiven, zeitgleichen und hierarchieunabhängigen Austausch, zum Beispiel über Themen und Projekte. Dieser Austausch kann genauso geplant und gesteuert werden wie in den bekannten Einrichtungen des Internets, den Diskussionsforen und News-Groups.

News-Groups

News-Groups sind Foren, die dem Austausch von Wissen zu einem bestimmten Thema dienen. Sie sind im Internet gang und gäbe – warum nicht auch im Intranet? Jeder Mitarbeiter könnte in der Lage sein, dort eine News-Group einzurichten, wenn er meint, wichtige Informationen zu haben, die andere interessieren können, oder wenn er ein Problem hat, das er nicht allein lösen kann. Um dieses Instrument unternehmensweit nutzen zu können und vor Missbrauch zu schützen, sollte jeder Anbieter verantwortlich für dessen Pflege und die Ergebnisdokumentation sein.

Nur jene sollten dieses Instrument nutzen, die es auch zielgerichtet einsetzen.

TRANSAKTION

Formulartransport online

Die entwickeltste Form des Intranets ist die Transaktion, zum Beispiel ein Formulartransport online. Hierbei können Projektberichte, Studiendokumentationen, Bestellungen, Anträge, Kostenrechnungen verschickt, Ressourcen geplant und ausgetauscht werden. Termine für Sitzungen werden per PC abgesprochen, die entsprechenden Besprechungsräume in der Firmenzentrale online reserviert. Statt wie früher ein kompliziertes Formular zu benutzen, rechnen die Mitarbeiter ihre Reisekosten elektronisch über ein interaktives Formular mit Auswahlfeldern, etwa für Tagessätze oder Kilometergeld, ab.

Ständige Aktualität

Weitere Einsatzmöglichkeiten: Projektteams können auf einen aktuellen Informations- und Dokumentationsstand zugreifen, sie können sich an Pinnwänden über aktuelle Ereignisse und offene Fragen informieren, Texte und Grafiken zeitgleich abstimmen.

Funktionen – vor allem die Servicebereiche – nutzen das Intranet zur Selbstdarstellung und informieren über Ziele, Aktivitäten und Ansprechpartner. Sie stellen verbindliche Richtlinien und Dokumentationen bereit und aktualisieren bei Bedarf.

Noch ein Punkt: Lernen via Datenautobahn. Dies lässt sich im Unterschied zum klassischen Lernen im Frontalunterricht ohne größere Ausfallzeiten in den Berufsalltag integrieren und ermöglicht, sich entsprechend den schnellen Veränderungen in der Arbeitswelt zu qualifizieren. Die DEUTSCHE POST AG spart durch Online-Lernen jährlich 15 Millionen € für die Schulung von Schalterkräften und Briefträgern. Auch die SCHWEIZER POST (PTT) nutzt für den Lernerfolg ihrer 1100 Betriebslehrlinge die Möglichkeiten von COMPUTER BASED TRAINING (CBT). Allerdings muss es für den effizienten Einsatz von Computer Based Training im Intranet viele Fortzubildende geben, da die Kosten für individuell erstellte CBT hoch sind. Klein- und mittelständische Betriebe können aber mit »den Großen« in der Weiterbildung kooperieren.

In den Berufsalltag integriert: Lernen via Datenautobahn

Computer Based Training (CBT)

Zentrales Instrument im Intranet sind Suchmaschinen, die das Auffinden von Informationen ermöglichen. Wo dies fehlt, müssen die Nutzer aufwändig und langwierig das Gewünschte suchen – der Vorsprung durch Aktualität ist verloren.

Suchmaschinen ermöglichen das Auffinden der Informationen

Der Enthusiasmus über das Intranet wird derzeit noch von zahlreichen Problemen gebremst: So verfügen viele Firmen noch nicht über die erforderlichen Computer (Hardware), die Programme (Software) und die Leitungskapazitäten. In überschaubarer Zeit wird dies aber zu erschwinglichen Konditionen bereitstehen. Außerdem wird nur für die Übertragung bewegter Bilder eine höhere Bandbreite benötigt; für grafisch aufbereitete Texte reichen schmalbandige Übertragungswege über Modem und Telefonnetz völlig aus.

Da wird das Intranet schwach

Bald gelöst wird sicher auch das Problem der Datensicherheit, hier hat sich allein schon in den letzten beiden Jahren viel getan.

Ein ganz triviales Problem bleibt: Viele müssen sich erst langsam daran gewöhnen, Informationen nicht in den Händen zu halten und darin blättern zu können.

Mehrere Beispiele für die erfolgreiche Anwendung des Intranets bietet Teil C, Kap. 3.

4.3 Expertenrunden

Experten tauschen unternehmens- relevantes Wissen aus

Experten sind eine klassische Quelle für Wissen: Sie sind erfahren, verfügen über unternehmensrelevantes Fachwissen und haben Erfahrungen in der Durchführung von Projekten gesammelt.

Spezialisten kommen in Wissensbüros zusammen

Bei SIEMENS kommen die Spezialisten in »Wissensbüros« zusammen – gezielt und über Funktions- und Hierarchiegrenzen hinweg. Zum Beispiel treffen sich jene 150 Mitarbeiter, die weltweit mit Halbleiter-Lithografie zu tun haben, zweimal im Jahr, um ihre unterschiedlichen Erfahrungen auszutauschen.

Experten aus unterschiedlichsten Unternehmensbereichen könnten sich treffen, um beispielsweise Wissen über Wettbewerber im Vertrieb an mittelständische Kunden auszutauschen. Diese Informationen werden bewertet, aufbereitet und ins Intranet gestellt. So wird systematisch Wissen über die Konkurrenz ausgetauscht, die Kompetenz in Fragen der Marktentwicklung erhöht und Problemlösungen werden besser abgestimmt.

Im Pharmaunternehmen SANOFI treffen sich regelmäßig zehn Professoren, die sich mit Produkten beschäftigen, die für unterschiedliche medizinische Indikationen zugelassen sind. Sie tauschen sich über diese Medikamente aus, betrachten bestimmte Fallbeispiele und veranstalten Symposien für Ärzte.

PROCTER & GAMBLE setzt Expertenrunden in jeder Geschäftseinheit ein: So gibt es beispielsweise eine Runde für das Marketing-Department, die noch einmal in einzelne Marketingaktivitäten unterteilt ist. Außerdem bestehen funktions-

Business-Teams arbeiten an Problemlösungen

übergreifende Business-Teams, in denen fünf bis zwölf Mitarbeiter aus verschiedenen Abteilungen sich regelmäßig treffen und zusammen an einem Produkt oder Thema arbeiten. Diese Teams arbeiten teilweise am selben Standort und treffen sich tatsächlich einmal pro Woche persönlich; teilweise gibt es aber auch weltweit operierende internationale Business-Teams, die sich per Intranet treffen.

4.4 Netzwerke

Netzwerke sind Gemeinschaften von Menschen, die an ähnlichen Problemen arbeiten und die durch ihr Engagement verbunden sind. Sie können gerade in großen Unternehmen die einzelnen Organisationseinheiten enger miteinander verbinden. Netzwerke sind nicht auf das Unternehmen beschränkt, sondern können und sollten auch über die Unternehmensgrenzen hinweg gebildet und gepflegt werden.

Netzwerke verbinden über Funktionsgrenzen hinweg

Kernelement von Netzwerken ist die Gegenseitigkeit: Nur wenn die Beteiligten geben und nehmen, können alle profitieren und das Netzwerk wird dauerhaft bestehen. Besondere Kommunikationsforen tragen dazu bei, den persönlichen Kontakt zu fördern.

NUR DAUERHAFTER GEGENSEITIGER AUSTAUSCH GIBT DEM NETZWERK STABILITÄT.

Der Baumarkt OBI hat ein solches Netzwerk aufgebaut: Die einzelnen Baumärkte geben ihre Erfahrungen über Produkte oder Kundenwünsche an die Systemzentrale weiter, die diese anderen Märkten zur Verfügung stellt. Dieses Informationsnetzwerk hat sich sehr positiv auf das Erweitern des Leistungsangebotes der einzelnen Märkte ausgewirkt.

Eine wichtige Rolle spielen auch informelle Netzwerke. Dies erkennen derzeit jene Firmen, die durch Reorganisation und massiven Stellenabbau einen Teil ihres »Gedächtnisses« verloren haben. Informelle Netzwerke sind im Lauf der Zeit durch persönlichen Austausch untereinander entstanden. Jetzt, da sie unbedacht zerstört wurden, zeigt sich beispielsweise, welche unbeachteten, aber wichtigen Prozesse sie wirkungsvoll gesteuert haben.

Eine wichtige Rolle spielen informelle Netzwerke

4.5 Wissensmärkte und -messen

Wissensprozesse in einem Unternehmen sollten eigentlich wie ein Marktplatz funktionieren: Es gibt Angebot, Nachfrage und Konkurrenz, die den Handel regeln. Dies greift z.B. NOKIA auf und schafft mit seinem Wissensmarkt Anreize und Mechanismen, dass sich Wissensträger als Anbieter gegen

Austausch von Dingen mit Wert

fiktives Geld austauschen. Dieses »Geld« stellt eine Bewertungsgröße für die Attraktivität des Angebotes dar.

Handel an Messeständen

Auch eine Wissensmesse fördert den Austausch: Die Geschäftseinheiten präsentieren ihre Funktion, die Mitarbeiter und das Wissen, über das sie verfügen. Die Veranstaltung wird dokumentiert und regelmäßig aktualisiert. Das persönliche Zusammentreffen auf der Messe ist besonders geeignet, um Vertrauen zu fördern, das im Wissensmanagement eine große Rolle spielt.

4.6 Videokonferenzen

Videokonferenzen überbrücken Distanzen

Immer mehr Firmen setzen bei unternehmensweiten Konferenzen auf den Einsatz von Videokonferenzen. Der Vorteil liegt klar auf der Hand: Wo früher zeitaufwendig und kostspielig gereist wurde, schalten sich die Entscheider einfach zu, ohne ihren Arbeitsplatz zu verlassen. Das macht sich bezahlt: Nicht nur fallen die Reisekosten und die Zeit für Transatlantikflüge weg – US-Autobauer FORD beispielsweise hat durch regelmäßige Projektsitzungen per Videokamera die Zeit für die Entwicklung seiner Pkws um ein halbes Jahr reduziert –, dies amortisiert natürlich schnell die hohen Investitionskosten für professionelle Konferenzsysteme.

Da es unterschiedliche Videoanwendungen gibt, werden sie in MULTIPOINT-KONFERENZ miteinander kombiniert und mehrere Teilnehmer zugeschaltet: Zum Beispiel sind verschiedene Konferenzräume mit der Geschäftsleitung verbunden und zugleich Personen von außerhalb zugeschaltet. Ein zusätzlicher Vorteil ist, dass man hier ohne weiteres zwischen Raumkameras und Einzelpersonen wechseln kann.

Auch Dokumente oder Bewegtbilder können übertragen werden

In der Regel können bei einer Videokonferenz neben der Kommunikation über den Blickkontakt der Teilnehmer hinaus auch Dokumente oder Bewegtbilder (Kurzvideos und Animationen) übertragen werden. Das Sehvergnügen ist derzeit aber noch auf Grund von überlasteten Datenleitungen durch ruckelnde Bilder getrübt.

Bei der Anschaffung eines Systems gilt es einige Punkte zu beachten: Teilnehmer sollten sich mit dem System über die verschiedensten Technologien anbinden lassen – per PC, Telefon oder Handy. Da nicht für jede Konferenz unbedingt

Bilddaten zur Verfügung stehen müssen, sollte ein Konferenzsystem außerdem reine Sprachkonferenzen unterstützen. Genau überlegen muss man sich auch, wie viele Teilnehmer an wie vielen Standorten konferieren sollen. Bei umfangreichen Konferenzen ist auch die sorgfältige Terminabstimmung der Teilnehmer nicht zu vernachlässigen

4.7 Mentorenprogramme

Implizites Wissen wechselt am besten durch persönlichen Kontakt den Träger. Nach diesem Prinzip funktionieren Mentorenprogramme, in denen ein dienstälterer erfahrenerer Mitarbeiter einen »Frischling« in die Arbeit einweist:

Ein Experte gibt sein Wissen einem Schüler weiter

- Der Mentor gibt wertvolles Wissen an seinen Schützling weiter.

Vorteile eines Mentorenprogramms

- Der Mentor kann sein Wissen und seine Denkstrukturen kritisch hinterfragen und erweitern.

- Der Schützling erhält ein umfassendes Feed-back auf seine Arbeit.

- Lehrende wie auch Lernende sind nach wie vor im direkten Austausch mit anderen Menschen am produktivsten.

- Die Kommunikationsfähigkeit der Beteiligten steigt.

- Die Zusammenarbeit wird reibungsloser verlaufen, wenn man sich kennt und dann eher auch Verantwortung zu übernehmen bereit ist.

- Fehler können eher als Lernquelle genutzt werden.

- Die Wissensbasis des Unternehmens wird insgesamt angereichert.

In Japan haben Mentorenprogramme eine lange Tradition: Ein Älterer betreut einen Jüngeren, der für seine Nachfolge vorgesehen ist. Um das notwendige Vertrauen aufzubauen und zu festigen, verbringen die beiden auch einen Teil ihrer Freizeit zusammen.

Dieses Beispiel hat auch in der westlichen Welt Schule gemacht: Im Beratungsunternehmen BOOZ·ALLEN & HAMILTON ist es inzwischen die Aufgabe eines jeden Beraters, einen Kollegen auf einer niedrigeren Ebene in seinem persönlichen Lern- und Weiterentwicklungsprozess zu unterstützen.

SMITHKLINE BEECHAM stellt neuen Mitarbeitern ein Vierteljahr lang einen erfahrenen Mitarbeiter als Pate zur Seite, der ihn den anderen Mitarbeitern vorstellt, ihn in Unternehmensinterna einführt und damit den Einstieg erleichtert.

4.8 Ehemalige

Erfahrungswissen darf nicht verloren gehen

Oft geht durch das Ausscheiden eines Mitarbeiters Wissen verloren: Mitarbeiter wagen den Sprung in die Selbstständigkeit und erhalten hierfür vielfach sogar vom Unternehmen großzügige Unterstützung, um den Stellenabbau voranzutreiben. Erst viel zu spät geht den Verantwortlichen auf, welche Wissenslücke durch den Weggang der Mitarbeiter entstanden ist, die nicht durch andere Mitarbeiter zu füllen ist.

»Ehemalige« als Berater

»Ehemalige« können an das Unternehmen gebunden werden, indem sie zeitweise als Trainer oder Berater beschäftigt oder in schwierige Verhandlungen mit Kunden einbezogen werden. Der ABB-KONZERN wollte nicht auf die Expertise und das Netzwerk altgedienter Führungskräfte verzichten, aber gleichzeitig junge qualifizierte Mitarbeiter ans Ruder lassen. Die Lösung bestand darin, dass sich die ehemalige Führungsriege der ABB Schweiz in ein neu gegründetes Tochterunternehmen zurückzog und einen Neustart als Berater unternahm.

Ehemaligenverband

Eine weitere Möglichkeit ist ein Ehemaligenverband: Die Mitglieder treffen sich regelmäßig mit Mitarbeitern des Unternehmens und tauschen Erfahrungen und Probleme aus.

4.9 Job-Rotation

Wechsel fördert Austausch

Persönliches Weitergeben von Wissen gelingt auch durch vorübergehenden Arbeitsplatzwechsel in einen anderen Unternehmensbereich, Job-Rotation genannt: Die Vorteile liegen auf der Hand:

Vorteile von Job-Rotation

- Der Mitarbeiter trägt sein Wissen in den neuen Bereich, die dortigen Mitarbeiter geben ihr Wissen an ihn weiter.

- Mitarbeiter werfen einen Blick über den Tellerrand und begreifen das Unternehmen als Ganzes.

- Sie erhalten neues Feed-back und können ihre Rolle und Perspektive wechseln.

- Kulturelle und andere Barrieren fallen. Vor allem internationale Unternehmen erkennen, wie wichtig Mitarbeiterrotation ist, um unterschiedliche Kulturen kennen zu lernen.

- Job-Rotation trägt zum Aufbau von Netzwerken bei und fördert insgesamt den Austausch im Unternehmen.

Auch hier sind japanische Unternehmen Vorreiter: Führende Mitarbeiter wechseln die Abteilung, um mit der Zeit alle Prozesse entlang der Wertschöpfungskette kennen zu lernen – von der Forschung über die Entwicklung bis hin zu Produktion und Vermarktung.

4.10 Mitarbeiter-TV

Ein Experte spricht auf dem Bildschirm und alle Interessierten sehen und hören ihn, egal, wo sie sich laufauf, landab befinden. Utopie? Keineswegs, sondern Wirklichkeit in einigen deutschen Unternehmen: Sie nutzen ein hauseigenes Fernsehen: Mitarbeiter-TV, auch Business TV genannt.

Informationen von der Mattscheibe

Mitarbeiter-TV gab es bereits in den 6oer-Jahren in den USA, der Durchbruch kam dort in den 8oer-Jahren. Pionier in Deutschland war Autobauer MERCEDES-BENZ, der 1989 erstmals Mitarbeiter-TV zur Mitarbeiterschulung einsetzte. Die Einführung von digitalem Fernsehen und die damit verbundene größere Übertragungskapazität der Satelliten brachten einen weiteren Schub. Heute betreiben etwa rund ein Dutzend Unternehmen Mitarbeiter-TV, darunter die HYPOVEREINSBANK, die DEUTSCHE BANK und SCHWÄBISCH HALL. Der Sendeumfang liegt zwischen der monatlichen Außendienstschulung bis zum zwölfstündigen Programm täglich – allerdings mit vielen Wiederholungen.

Wichtig zu wissen: Mitarbeiter-TV muss sich an geschlossene Nutzergruppen richten, denn sonst müssten die Sendungen als Rundfunk zugelassen werden. Zur Verschlüsselung wird ein Dekoder eingesetzt – ähnlich dem Pay-TV. So können auch Mitbewerber vom Mitsehen am Fernsehen abgehalten werden.

Mitarbeiter-TV muss sich an geschlossene Nutzergruppen richten

Mit TV-Sendungen lässt sich einiges vermitteln: Firmeninformationen, Fernkurse für Mitarbeiter, Erläuterungen und Gebrauchsanweisungen für neue Produkte und Reparaturanlei-

Mitarbeiter-TV transportiert Firmenkultur

tungen für bereits verkaufte. MERCEDES nutzte das Mitarbeiter-TV zum Krisenmanagement: Als die neue A-Klasse durch den »Elchtest« fiel, geriet auch das Vertrauen der Mitarbeiter zu dem eigenen Produkt ins Schwanken. Das firmeneigene TV bot die Chance, technische Informationen, Argumente und Strategien via Satellit in Sekundenbruchteilen an die Angestellten zu verteilen.

Wie sich das Mitarbeiterfernsehen in Deutschland entwickeln wird, ist noch nicht abzusehen: Einerseits bietet es zwar viele Vorteile; andererseits ist es sehr teuer, und die Firmen scheuen den Gedanken, dass die Mitarbeiter während ihrer Arbeitszeit vor der Mattscheibe sitzen. Ein Nachteil ist sicher auch, dass Fernsehen kaum interaktiv ist: Der Zuschauer kann nur begrenzt reagieren und schon gar nicht die Inhalte der Sendung an seine Bedürfnisse anpassen. Schon heute ist abzusehen, dass Mitarbeiter-TV mit dem Intranet gekoppelt beziehungsweise in dieses integriert wird. Als Mattscheibe fungiert dann der Computer am Arbeitsplatz.

4.11 Mitarbeiterzeitung

Die Zeitung informiert darüber, wer etwas weiß

Die Mitarbeiterzeitung gehört zu den ältesten und wichtigsten Instrumenten der Internen Kommunikation: Etwa 80 Prozent der Unternehmen mit mehr als 500 Mitarbeitern setzen eine Mitarbeiterzeitung ein.

DIE MITARBEITERZEITUNG KANN
- die Mitarbeiter eines Unternehmens miteinander bekannt machen,
- Vorurteile gegen das Unternehmen und seine Leistungen abbauen,
- Anregungen und Unterstützung für die tägliche Arbeit und die persönliche Weiterbildung bieten,
- einen Blick über den Tellerrand vermitteln,
- verhindern, dass unliebsame Informationen von außen wirksam werden,
- durch Informationen ermöglichen, dass Mitarbeiter leichter Entscheidungen treffen.

Abb. 4.1: Vorteile einer Mitarbeiterzeitung

Sie erscheint regelmäßig und ermöglicht ausführliche Informationen über Hintergründe und ist daher sehr gut geeignet, Wissen und Ansprechpartner im Unternehmen ausführlich darzustellen. Die Zeitung erreicht die Mitarbeiter ohne Streuverluste; die Informationen liegen schriftlich vor zum Nachlesen und Archivieren.

5 WISSEN NUTZEN

Wissen muss auch angewendet werden, um einen Wert für das Unternehmen zu schaffen. Bis zu dieser Stufe ist nämlich noch kein Wert entstanden, weil Wissen lediglich generiert, gespeichert oder transferiert wurde. Jetzt geht es darum, mit dem Wissen Entscheidungen gezielter zu treffen, Probleme zu lösen und in Handlungen umzusetzen.

Wissen darf nicht verwaltet, sondern es muss zielorientiert angewendet und der Erfolg kontrolliert werden.

Der Erfolg der Anwendung von Wissen muss kontrolliert werden

DIE BLOSSE ANHÄUFUNG ZWECKFREIEN WISSENS NUTZT KEINEM UNTERNEHMEN. ERST DAS ANWENDEN VON WISSEN SCHAFFT WERT.

Aber gerade hier ist eine der größten Schwachstellen, denn kaum ein Unternehmen prüft die Umsetzung von Wissen in konkrete Aufgaben- und Problemlösungen (siehe ausführlich Teil A, Kapitel 5.6).

5.1 Barrieren gegen Wissensmanagement abbauen

Eigentlich sollte Wissensaustausch im Unternehmen funktionieren wie ein Markt, auf dem es Angebot und Nachfrage gibt. Ein Marktmeister (Wissensmanager) sollte den Handel antreiben und Probleme regeln. Tatsächlich sind die Unternehmen von einem solchen (Wissens-)Markt weit entfernt – viele Barrieren und Hürden verhindern in der Praxis den Austausch von wertvollem Wissen.

Hürden verhindern das Anwenden von Wissen

Eine Befragung von 311 Unternehmen in Deutschland durch das FRAUNHOFER-INSTITUT FÜR ARBEITSWISSENSCHAFT UND ORGANISATION brachte das Ergebnis, dass Zeitnot die größte Barriere für Wissensmanagement ist:

BARRIEREN FÜR WISSENSMANAGEMENT:

• Zeitknappheit	70,1 %
• fehlendes Bewusstsein	67,7 %
• Unkenntnis über den Wissensbedarf	39,4 %
• Einstellung: »Wissen ist Macht«	39,0 %
• fehlende Anreizsysteme	34,4 %
• fehlende Transparenz	34,6 %
• Mitarbeiterspezialisierung	32,3 %
• ungeeignete IT-Struktur	28,3 %

Fraunhofer-Institut für Arbeitswissenschaft und Organisation

Abb. 5.1: Die wichtigsten Barrieren aus Sicht der Unternehmen

Zeitmangel ist das Haupthindernis

Auch in der Leserumfrage des Industrie-Magazins SCOPE nannten 73,6 Prozent der Befragten Zeitmangel als Grund, gefolgt von einem fehlenden Kommunikationsbewusstsein (60,9 Prozent). Und auch hier nannte rund ein Drittel die fehlende Transparenz der Abläufe und Einzelkämpfertum statt Teamarbeit. Nur 16,1 Prozent gaben eine veraltete EDV-Struktur an.

Akzeptanzprobleme bei den Vorständen und unklare Begriffe

Laut der Studie des CAMBRIDGE INFORMATION NETWORK (CIN) unter 314 IT-Managern sind zwar 85 Prozent der IT-Manager davon überzeugt, dass Wissensmanagement entscheidende Wettbewerbsvorteile bringt; bisher verfügen aber nur acht Prozent über ein Konzept. Gründe sind, so die Befragten, Akzeptanzprobleme bei den Vorständen und unklare Begriffe.

WISSENSBARRIEREN MÜSSEN UNBEDINGT BESEITIGT WERDEN, DENN DAS TEMPO DER NUTZUNG VON WISSEN KANN ENTSCHEIDEND FÜR DEN MARKTERFOLG SEIN.

Schon die Nummer 2 auf dem Markt kann die Kosten für Forschung und Entwicklung nicht mehr einspielen. Extremes Beispiel ist die Pharmaindustrie: Hier dauert es mitunter zehn bis zwölf Jahre, bis ein Produkt auf den Markt kommt. Bis dahin hat es nicht selten 200 bis 250 Millionen Euro verschlungen. In anderen Branchen werden Innovationen innerhalb kürzester Zeit von der Konkurrenz imitiert, die Wettbewerbsvorteile sind also nicht lange zu halten. An dieser Stelle zeigt sich der enge Zusammenhang zwischen Wissenserwerb und Wissensentwicklung.

Der Innovationsdruck ist hoch und die Konkurrenz schläft nicht

5.1.1 Zeitliche Freiräume

Zeitknappheit geben viele Befragte an, wenn sie nach Barrieren gefragt werden. Tatsächlich erfordert Wissensmanagement zunächst einmal mehr Arbeit und mehr Zeit für die Mitarbeiter, dadurch müssen sie Aufgaben immer schneller oder mehr Aufgaben in der gleichen Zeit lösen. Dieser Druck macht sie misstrauisch und ignorant gegenüber neuem, mitunter ungewohntem Wissen, weil dies häufig bedeutet, dass sie routinierte Prozesse umstellen müssen, was kurzfristig zu Zeitverzögerungen führt.

Am häufigsten verhindert Zeitnot das Anwenden von Wissen

Zeit erfordern auch die Maßnahmen zum Wissensmanagement selbst: Beim Reifenhersteller CONTINENTAL beispielsweise müssen die Mitarbeiter Know-how-Kataloge für das Intranet schreiben, die Reifen-Universität besuchen (an drei Tagen im Jahr halten Mitarbeiter Vorträge zu unterschiedlichen Aspekten der Reifenherstellung) und an interdisziplinären Teams teilnehmen.

Folgende Hinweise sollten im Hinblick auf den Faktor Zeit beachtet werden:

Zeitmanagement entlastet von Zeitdruck

- Es ist sorgfältig zu prüfen, ob der zeitliche Aufwand für Wissensmanagement tatsächlich gerechtfertigt ist. Es kann nämlich durchaus sein, dass ein informeller Anruf bei einem Kollegen sinnvoller ist als aufwändiges Dokumentieren und Recherchieren.

Persönlicher Anruf oder aufwändige Recherche?

- Den Beteiligten sollten die Vorteile der Aktivitäten deutlich erklärt werden – die eigenen sowie die Vorteile für das Unternehmen.

Sind die Vorteile deutlich geworden?

Sind die Prioritäten richtig gesetzt?

- Es muss gemeinsam mit den Mitarbeitern geklärt werden, ob die Prioritäten in der eigenen Arbeit richtig gesetzt sind oder ob eine Verschiebung sinnvoll erscheint, um den Zeitaufwand für Wissensmanagement zu kompensieren.

Sind zeitliche Freiräume für die Ideenfindung eingeplant?

- Eine Herausforderung besteht darin, jenes Maß an Freiraum zu bieten, das eine gute Idee zur Entfaltung braucht: Ist er zu gering, ist der Ideenfluss gehemmt; ist er zu groß, kann dies das Unternehmen teuer zu stehen kommen, wenn das Ergebnis in keinem positiven Verhältnis zum Aufwand steht.

5.1.2 Anreizsysteme

Entlohnung für angewandtes Wissen

Es soll reizvoll sein, Wissen anzuwenden. Dies erfordert, den Mitarbeitern mehr Verantwortung zu geben und Anreizsysteme zu schaffen. Solche Systeme sind jedoch in der Praxis wenig verbreitet.

Welche Ziele sollen erreicht werden?

Voraussetzung für den Einsatz von Anreizsystemen ist das Festlegen von Zielen, deren Erreichen belohnt wird (zum Beispiel mit einem Bonus, anderen Konditionen oder Karrierechancen). Eine Vereinbarung über solche Ziele kann im Mitarbeitergespräch erfolgen. Dies sind regelmäßige Gespräche, in denen Aufgaben, Leistung und anderes thematisiert werden (siehe Teil A, Kap. 4.2).

Das Anreizsystem sollte dazu beitragen, ein Lernumfeld zu schaffen, in dem Fehler nicht bestraft werden, sondern in dem belohnt wird, wer aus Fehlern lernt.

SMITHKLINE BEECHAM fördert Kommunikation, Kreativität und Engagement durch einen Award, der an Mitarbeiter verliehen wird, die sich besonders für ein Projekt eingesetzt haben oder außergewöhnliche Ideen hatten. Dieser Preis wird international durch den Europachef vergeben.

Finanzielle Anreize

Wer aus Erfolgen und Fehlern gewonnenes Wissen anwendet, wird belohnt

Einer der wirkungsvollsten Anreize für das Umsetzen von Wissensmanagement ist die finanzielle Belohnung. Die Höhe einer Zuwendung orientiert sich jeweils an dem Umfang, in dem neues Wissen genutzt wird. Während Lernkonten auf das Lernen oder Entwickeln von Wissen zielen, stellt die Entlohnung einzig auf das Anwenden neuen Wissens ab. Diese

finanziellen Anreize sollten keine separaten Instrumente darstellen, sondern integrierter Teil des allgemeinen Bonus-
systems sein.

Beispiele für
Anreizsysteme

METTLER TOLEDO, ein Unternehmen der Wägetechnik, hatte
das zentrale Sammeln, Beurteilen und Honorieren von Ver-
besserungsvorschlägen und neuen Ideen zunächst ganz aufgegeben, um so das Vertrauen des Unternehmens in die Fähigkeiten seiner Mitarbeiter stärker auszudrücken. Von jedem
Mitarbeiter wird jetzt erwartet, dass er mindestens einmal
monatlich eine kleine Verbesserung seiner Arbeit vornimmt.
Indem die Vorschläge nicht erst gesammelt, sondern gleich
vom Initiator umgesetzt werden, entfällt ein langwieriger
bürokratischer Prozess, und die Mitarbeiter erhalten mehr
Eigenverantwortung, die sie motiviert. Nach dem Umsetzen
seiner Idee füllt jeder Angestellte ein Formular aus, auf dem
er die Verbesserung kurz umreißt, diese in Kosten, Qualität
und Zeit beschreibt und angibt, wer ihm bei der Umsetzung
geholfen hat. Pro Initiator und Helfer fließen 5 Euro in einen
Prämientopf, der am Jahresende für eine Gemeinschaftsak-
tion aller Mitarbeiter verwendet wird – dies stärkt das Zu-
sammengehörigkeitsgefühl.

Gemeinschaftlicher
Prämientopf

»Wissen teilen gewinnt Meilen« – unter diesem Motto hat
eine Unternehmensberatung eine Initiative gestartet, die sich
an die Meilen-Sammelaktionen von Fluggesellschaften an-
lehnt: Pro Quartal kann jeder Mitarbeiter 50 Punkte an jene
Mitarbeiter vergeben, die ihm besonders geholfen haben.
Grundlage für die Punktevergabe ist ein Fragenkatalog (»Wer
hat mich bei der Lösung dieses Problems besonders unterstützt?«, »Wer hat mich an seinen Erfahrungen teilhaben lassen?«, »Wer fördert Wissensaufbau und Wissenstransfer im
Unternehmen besonders?«). Am Ende des Quartals werden
die Punkte dem »Meilensekretariat« mitgeteilt, das es dem
Mitarbeiter auf dem »Meilenkonto« gutschreibt. Am Ende
des Geschäftsjahres ist Ausschüttung: Jeder kann sich ein
seinem Kontostand entsprechendes Geschenk aussuchen,
zum Beispiel die Teilnahme an einem Seminar nach eigener
Wahl, das den Wissenstransfer weiter nutzt.

»Wissen teilen
gewinnt Meilen«

HEWLETT-PACKARD setzt Belohnungs- und Anreize nur sehr
begrenzt ein, weil man das Teilen von Wissen nicht erzwin-
gen könne. In einem Geschäftsbereich hat man zum Beispiel

das Gehalt des Managements daran gekoppelt, wie die Mitarbeiter die Unterstützung des Managements beim Wissensaustausch bewerten. Bescheinigen 60 Prozent der Mitarbeiter eine positive Haltung gegenüber Wissensteilung, bekommt das Management drei Gehaltspunkte mehr. Es gibt auch Ansätze von Mitarbeiterbelohnung: Die Mitarbeiter, die eine Zusammenfassung ihres letzten Projekts in eine Datenbank stellen, erhalten ein kleines Präsent.

5.1.3 Imitationswettbewerb

Kopieren leicht gemacht

Die fehlende Bereitschaft, Wissen zu teilen, behindert das Nutzen von Wissen. Warum daher nicht Mitarbeiter belohnen, die eine Idee am besten kopieren? Wissen bedeutet das Teilen von Kenntnissen und Erfahrungen. Diese können selbstverständlich zu eigenen Kenntnissen und Erfahrungen gemacht werden.

IDEENRAUB SOLL SPASS MACHEN!

Der Vorteil von Imitationswettbewerben ist, dass sie den Transfer und die gemeinsame Nutzung von Wissen fördern. Grundlagen könnten die Beispiele von Best Practice sein (siehe auch Kap. 2.2.2).

Mitarbeiter kennen ihren Beitrag in der Wertschöpfung nicht

Häufig ist den Mitarbeitern auch nicht bewusst, welchen Beitrag sie in der Wertschöpfungskette leisten. Hier kann es bereits hilfreich sein, den Mitarbeitern ihre Leistung aufzuzeigen, um die Bereitschaft zum Teilen zu erhöhen (siehe Teil A, Kap. 2).

5.1.4 Laborexperimente

Freiraum zum Experimentieren

Das Nutzen von Wissen verhindert auch Ängste davor, etwas falsch zu machen. Hier helfen Laborexperimente, die in der Forschung gang und gäbe sind. – Warum nicht auch in der Finanzabteilung oder im Vertrieb?

Ziel von Laborexperimenten ist es, ein abgestecktes Laborumfeld zu schaffen, in dem einzelne Einflussfaktoren geändert und untersucht werden, damit neues Wissen entstehen und risikolos genutzt werden kann. Dieses Vorgehen erhöht das Denken in Systemen und Zusammenhängen. Fehler sind nicht so kostspielig, was Experimentierfreude fördert und neue und ungewöhnliche Prozesse und Produkte ermöglicht.

LABOREXPERIMENTE FÖRDERN DIE FEHLERTOLERANZ UND FÜHREN ZU NEUEN IDEEN.

Zur Bedeutung der Unternehmenskultur für das gesamte Wissensmanagement siehe auch Teil A, Kap. 3.

6 WISSEN STEUERN

6.1 Balanced Scorecard

Bisher messen Unternehmen ihren wirtschaftlichen Erfolg vor allem an den kurzfristigen finanziellen Ergebnissen. Eine solche kurzfristige Betrachtung ist allerdings nicht mehr zeitgemäß, denn zukunftssichernde Investitionen in neue Märkte, neue Produkte, neue Techniken und Verfahren verschlechtern vorübergehend die finanziellen Zahlen und wirken sich erst im Lauf der Zeit auf die Finanzkennziffern aus. Zudem werden qualitative Wertschöpfungsfaktoren immer wichtiger (siehe auch Teil A, Kap. 1.3).

Steuerung von strategischem und operativem Geschäft

KURZFRISTIGES ORIENTIEREN AN QUANTITATIVEN FINANZ-ZAHLEN SOLLTE DURCH LANGFRISTIGES, AUCH QUALITATIVES DENKEN ERGÄNZT WERDEN.

Die Balanced Scorecard strebt nach Ausgleich

Die BALANCED SCORECARD (BSC) ist ein Instrument, um langfristige Strategien und notwendige kurzfristige Änderungen zu steuern; die Leistung des Unternehmens wird als Gleichgewicht (Balance) zwischen der Finanzwirtschaft, den Kunden, den Geschäftsprozessen und der Mitarbeiterentwicklung gesehen und auf einer übersichtlichen Tafel (Scorecard) dargestellt. Entwickelt haben dieses Instrument die beiden

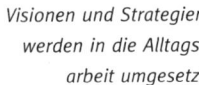

Amerikaner Robert S. Kaplan und David P. Norton Anfang der 90er-Jahre.

Visionen und Strategien werden in die Alltagsarbeit umgesetzt

Die Idee ist, die Vision eines Unternehmens und die daraus abgeleiteten Strategien in konkret formulierte und über messbare Kennziffern auch abrechenbare Maßnahmen umzusetzen; gleichzeitig soll die Abhängigkeit der strategischen Ziele von der operativen Budgetplanung überwunden werden. Viele Unternehmen – gerade die mittelständischen – haben hier großen Nachholbedarf: Wenn es überhaupt Visionen gibt, sind sie in den Köpfen des Top-Managements; kaum ein Mitarbeiter kennt sie und weiß, was er zu deren Umsetzung beitragen kann.

Hier ermöglicht es die Balanced Scorecard, Maßnahmen aus der Vision und den Strategien abzuleiten und in tägliche Aktionen umzusetzen. Und dies konkret, transparent, abrechenbar und auf das gesamte Unternehmen bezogen. Sie ist ein einfaches, schnelles und in sich logisches System aus Zielvorgaben und geeigneten Messgrößen sowie deren Umsetzung. Folgende Absichten stehen im Vordergrund:

- Übersetzen von Vision und Strategie in konkrete Aktionen

- Kommunizieren und Verbinden strategischer Ziele mit konkreten Maßnahmen

- Aufstellen von Plänen, Formulieren von Vorgaben und Abstimmen von Initiativen

- Verbessern des Feed-backs und des Lernens

Was sind die Leistungstreiber eines Unternehmens?

Kernelement der BSC sind Leistungstreiber, also die strategischen Erfolgsfaktoren des Unternehmens. Indikatoren dieser Art werden im Konzept der Balanced Scorecard in unterschiedliche »Perspektiven« unterteilt:

Die Balanced Scorecard hat vier Perspektiven

- FINANZPERSPEKTIVE: Die Balanced Scorecard enthält finanzielle Steuerungsgrößen wie z. B. die Eigenkapitalrendite. Die Finanzperspektive bildet den Ankerpunkt für die anderen drei Perspektiven. Leistungstreiber sind nur bedeutend, wenn sie in einer Ursache-Wirkungs-Beziehung zu den finanziellen Kennzahlen stehen. Wenn also hohe Kundenzufriedenheit nicht zur Kundenbindung und diese wiederum nicht zur Sicherung von Absatzmengen und -prei-

Die FINANZPERSPEKTIVE bildet den Ankerpunkt für die anderen drei Perspektiven

sen führt, ist die Kundenorientierung strategisch nicht richtig. Derartige Ursache-Wirkungs-Beziehungen müssen vom Management offen gelegt werden: Wie soll sich ein Unternehmen gegenüber den Anteilseignern präsentieren, um finanziell erfolgreich zu sein? Zum Beispiel welchen Umsatz, Ertrag muss das Unternehmen erzielen?

Welche Leistungstreiber beeinflussen die finanziellen Kennzahlen positiv?

- KUNDENPERSPEKTIVE: Die Kundenperspektive erfasst die Ziele des Unternehmens in Bezug auf die Kunden- und Marktsegmente, in denen es konkurrieren möchte. Wie sollte sich ein Unternehmen dem Kunden gegenüber verhalten, um seine Vision zu erfüllen? Die Kundenperspektive umfasst zum einen »Kernkennzahlen« wie Marktanteile, Kundenakquisition, Kundenzufriedenheit, Kundentreue und Kundenrentabilität, die für fast alle Unternehmen gelten. Die »Leistungstreiberkennzahlen« beschreiben jene Aspekte, die für die Kunden eines ganz bestimmten Unternehmens besonders wichtig sind, wie Produkt- und Serviceeigenschaften (Funktionalität, Qualität, Preis und Zeit), die Qualität der Kundenbeziehungen (Kompetenz, Erreichbarkeit, Reaktionsgeschwindigkeit, Service, Transparenz) sowie das Image und das Ansehen des Unternehmens.

Was ist für Kunden besonders wichtig?

- Die PROZESSPERSPEKTIVE bildet die wichtigsten Merkmale der Kernprozesse des Unternehmens ab. Kaplan und Norton unterteilen sie in Innovationsprozesse, Betriebsprozesse und Kundendienstprozesse. Die Frage ist, in welchen Prozessen das Unternehmen Spitzenleistungen erbringen muss, um Anteilseigner und Kunden zufrieden zu stellen. Eine Antwort könnten Produktivität und Durchlaufzeiten sein.

In welchen Prozessen müssen Spitzenleistungen erbracht werden?

Im Rahmen dieser dritten Perspektive sind jene Ressourcen des Unternehmens zu erfassen und zu steuern, die gewährleisten, dass die finanzwirtschaftlichen und kundenbezogenen Ziele auch qualitativ und kapazitätsmäßig bewältigt werden können. Hierbei geht es weniger um die Verbesserung bestehender Geschäftsprozesse (zum Beispiel mittels Benchmarking). Wichtig ist vielmehr, potenzielle Kundenwünsche zu identifizieren, die Produkt- und Prozessneuentwicklung voranzutreiben und zu beschleunigen (Innovationsprozess), Produkte kosten- und zeitgünstig herzustellen und auszuliefern und Dienstleistungen zu forcieren (Betriebsprozesse), die Kundenerwartungen und -wünsche durch kundenorientierte Garantien und Wartungsangebote zu befriedigen (Kundendienstprozess).

Was müssen die Mitarbeiter jetzt und in Zukunft wissen?

- Die Kennzahlen der *Lern- und Wachstumsperspektive* stellen dar, welche Fähigkeiten sowohl bei den Mitarbeitern als auch bei den Informationssystemen entwickelt werden müssen, um die gewünschte Strategie mit praktischem Leben erfüllen zu können. Hierbei wird von Kaplan und Norton besonders die Notwendigkeit von Investitionen in die Zukunft betont. Sie unterscheiden dabei drei Hauptkategorien: Qualifizierung von Mitarbeitern, Leistungsfähigkeit des Informationssystems sowie Motivation und Zielausrichtung von Mitarbeitern. Wie kann ein Unternehmen seine Fähigkeiten zur Erneuerung und Verbesserung nachhaltig entwickeln, um seine Vision zu erfüllen?

Leben die Mitarbeiter in einer »stategischen Wüste« oder sind sie durch eine Vision motiviert?

Dies betrifft zum Beispiel die Mitarbeiterqualifikation und die Infrastruktur. Auch die beste Strategie bleibt wirkungslos, wenn sie nicht durch das aktive Handeln befähigter und motivierter Mitarbeiter umgesetzt wird. Insbesondere die Mitarbeiter an der Basis, die direkt mit den Kunden und den internen Prozessen zu tun haben, müssen Ideen und Anregungen zur Verbesserung von Leistungen und Prozessen liefern. Hierfür müssen sie qualifiziert und zielführend motiviert sein. Sie müssen die Unternehmensvision und ihre strategischen Ansätze kennen, sonst arbeiten sie in einer »strategischen Wüste«.

Neben den üblichen personalbezogenen Kennzahlen wie Treue und Zufriedenheit der Mitarbeiter werden weitere Kennzahlen zu den Themen Lernen, Weiterbildung, Motivation, Flexibilität, Teamfähigkeit und Zielorientierung festgelegt. Wie beschrieben, ist es wichtig, auch das Potenzial von Informationssystemen, die Informationen strategieorientiert aufbereiten sollen, in die Lernperspektive einzubeziehen.

Die vier Perspektiven bilden den strategischen Handlungsrahmen

Für jedes der vier Elemente wird ein strategischer Handlungsrahmen entworfen, der in Einzelziele, deren Messgrößen und die konkrete Ausprägung aufgesplittet wird.

BEISPIEL KUNDENPERSPEKTIVE:

Strategisches Ziel:	hervorragendes Preis-Leistungs-Verhältnis	
Messgröße:	Art der Bewertung durch die Kunden	
Konkrete Ausprägung:	Unternehmen soll bei mindestens 60 Prozent der Kunden als die Nummer 1 gelten.	

Ziele müssen messbar sein

Dabei wird ein kausaler Zusammenhang zwischen den einzelnen Zielen berücksichtigt. Beispiel: Hohe Mitarbeiterqualifikation in der Fertigung führt zu kurzen Durchlaufzeiten bzw. Reparaturzeiten, dies wiederum führt zu höherer Kundenzufriedenheit. Dadurch können höhere Preise erzielt werden, die zur Realisierung des Umsatzziels führen. Zur Umsetzung der Unternehmensvision können langfristige ebenso wie kurzfristige Strategien integriert werden.

Besteht ein kausaler Zusammenhang zwischen den Zielen?

Die Zusammenstellung der einzelnen Kennzahlen ergibt innerhalb der Perspektiven eine logisch verknüpfte Kette. So wird sichtbar, inwiefern die einzelnen Größen zur Erfüllung der finanzwirtschaftlichen Ziele beitragen.

Die Perspektiven ergänzen sich gegenseitig

Eine solche Kette könnte zum Beispiel in folgenden Zielen bestehen:

- Finanzwirtschaftliche Perspektive: Umsatzsteigerung
- Kundenperspektive: Erhöhung des Anteils zufriedener Kunden
- Prozessperspektive: Rückruf innerhalb von maximal einer Stunde
- Lern- und Entwicklungsperspektive: Schulung der Mitarbeiter für telefonische Betreuung

Vor allem der letzte Punkt zeigt deutlich, dass die BSC dem Wissenspotenzial und dem optimalen Umgang damit große Aufmerksamkeit widmet, indem sie die langfristigen Unternehmensziele mit operativen Maßnahmen in die Wissensbasis hinein verbindet: Allein der Prozess, strategische Ziele in operative Handlungen zu übersetzen und geeignete Messinstrumente festzulegen, verlangt einen Wissenstransfer zwischen unterschiedlichen Hierarchieebenen, Abteilungen und Mitarbeitern.

Über die Balanced Scorecard kann das Wissenspotenzial von Unternehmen koordiniert werden

Während der Einführung und praktischen Handhabung der Balanced Scorecard sollen Informationsrückflüsse organisiert werden, damit das Management stets in der Lage ist, die Kennziffern auf ihre Gültigkeit im realen Leben zu überprüfen. Insofern ist das Erarbeiten und das Management der BSC der eigentliche Inhalt und die Balanced Scorecard als ausgewogener Berichtsbogen eher das Mittel zum Zweck.

BALANCED SCORECARD PERSPEKTIVE	Strategische Ziele	Messgrößen	Zielwerte	Konkrete Maßnahmen
ERGEBNIS-BEITRAG Wir bieten unseren Kapitalgebern:	• Renditeerwartungen erfüllen oder übertreffen • Profitabilität steigern • Wachstum beschleunigen • Cash-Flow-Investment	• DCF Rendite • Umsatzrentabilität • Umsatzwachstum • Cash-flow	• ›5% • 10% • 15% • 100 Mio. €	 • Kauf von Lizenzen • Joint Venture
KUNDE Kunden sollen uns folgendermaßen wahrnehmen:	• Kundenwünsche ermitteln und erfüllen • Neue Kunden gewinnen und binden • Wettbewerbsfähige Preise umsetzen	• CSI • Umsatzanteil der Neukunden • Preisindex	• ++ • 15% • 0,9	• Kundenbefragung • Akquisitionsprogramm • Preismonitor einführen
PROZESSE Hier müssen wir besonders gut sein:	• Marketing- und Vertriebsprozesse verbessern (Cross Selling) • Aufbau kostengünstigerer Distributionskanäle • Kürzere Entwicklungszeiten für neue Leistungen	• Cross Selling Ratio • Distributionskosten • Anzahl Produkte nicht älter als 2 Jahre	• 20% • 10 Mio. € • 3	• Prozessoptimierung • Direktvertrieb aufbauen • F&E-Prozesse optimieren
LERNEN UND WACHSTUM So sichern wir unseren Erfolg langfristig:	• Innovationsführerschaft in Marktsegment B • Zugang zu strategisch wichtigen Informationen gewinnen • Motivation der Mitarbeiter steigern • Qualität steigern	• Umsatzanteil Produkte nicht älter als 2 Jahre • Zunahme der Zugriffe auf Datenbank • Auswertung Mitarbeiterbefragung • Senkung der Fehlerquote	• 20% • 40% • ›80 Punkte • 5%	• Marktbeobachtung • Aufbau einer Wissensdatenbank • Prämiensystem einführen • TQM einführen

Abb. 6.1: Beispiel einer Balanced Scorecard

Vorteile der Balanced Scorecard

Der Vorteil dieses Instruments liegt vor allem darin, dass das Management gezwungen wird, eine Geschäftsstrategie zu entwickeln und deren Umsetzung in allen vier Bereichen konsequent zu verfolgen. Ein weiterer Vorteil ist, dass nicht nur quantitative Größen berücksichtigt werden, denn an die Stelle von rein monetären Messgrößen treten Leistungstreiber. Zudem führt das Konzept von Kaplan und Norton nur solche Größen auf, die für die strategische Ausrichtung relevant sind.

Die BSC berücksichtigt gleichermaßen qualitative wie quantitative Faktoren

Mit anderen Worten: Die Balanced Scorecard versteht sich weniger als Kennzahlen-, sondern mehr als Managementsystem. Grundbotschaft des neuen Konzepts ist also nicht die Abkehr von einer zu starken Finanzorientierung, sondern die Fokussierung auf die strategisch wirklich bedeutsamen Steuerungsziele. Die Balanced Scorecard zwingt zur Auseinandersetzung mit der Unternehmensstrategie, sie fordert deren Quantifizierung im Rahmen weniger, aber zentral bedeutsame Perspektiven und Kennziffern. Das Konzept bedeutet für die Unternehmen, dass sie auf den ganzen Wust unwichtiger Kennzahlen zu Gunsten weniger Werte verzichten. Sie sollen sich auf Größen beschränken, die den Charakter strategischer Erfolgsfaktoren haben.

Kein Kennzahlensystem, sondern mehr ein Managementsystem

Nachteil der Balanced Scorecard

Der Nachteil einer Balanced Scorecard ist, dass ihre Erstellung und die Verankerung in den Köpfen einen hohen zeitlichen und finanziellen Aufwand erfordert. Die Autoren raten, drei Monate für die Einführung des Konzepts vorzusehen. Doch die Erfahrung zeigt, dass dies kaum ausreicht. Bei der Bereitstellung der Daten können erhebliche Probleme entstehen, zudem sind auch grundlegende inhaltliche Diskussionen erforderlich: Zum einen müssen Unternehmen wichtige Vorgaben klären, zum Beispiel die Beschreibung der Märkte, auf denen sie tätig sind; zum anderen sollen sich Einstellung und Verhalten von Führungskräften, Managern und Entscheidern ändern.

Die Umsetzung erfordert grundsätzliches Umdenken und viel Zeit

7 WISSEN BEWERTEN

*Welchen Wert
hat Wissen?*

In diesem Buch ist oft die Rede davon, dass Wissen einen Wert für das Unternehmen haben muss. Wie aber lässt sich dieser Wert bestimmen?

*Der WISSENSWERT
bezeichnet den Wert
von Wissen*

Die Substanz von Wissen findet ihren Niederschlag im WISSENSWERT: Er bezeichnet jenen zusätzlichen Wert, den ein Unternehmen durch Wissen und nur durch dieses erhält.

JE GRÖSSER DER NUTZEN AUS WISSEN, DESTO GRÖSSER SEIN WERT.

Der Wert von Wissen ist aus unterschiedlichen Gründen von Bedeutung:

Wissen ist wichtigstes Kapital

- Wissen ist künftig wichtigstes Kapital und wertvollste Vermögensposition beim Firmenverkauf, es bestimmt den Geldwert für Lizenzen und Akquisition.

Wissen steigert Effektivität und Effizienz

- Der Wissenswert erhöht langfristig Effektivität und Effizienz von Maßnahmen des Wissensmanagements.

Wissen schafft Wettbewerbsbarrieren

- Es schafft Wettbewerbsbarrieren, die nur durch aufwändige Maßnahmen zu überwinden sind.

Es gibt mehrere Wege, den Wert von Wissen zu bestimmen:

7.1 Verfahren und Modelle

7.1.1 Wissen als Einheit

Wissen wird als Einheit gesehen und dessen Wert als Summe ausgedrückt – im Gegensatz zu Modellen, die Wissen in Kategorien aufteilen. Das gesamte Wissen wird danach bewertet, wie teuer sein Entstehen war oder wie teuer der Aufbau gleichen Wissens sein würde.

Bisherige Kosten

*Wie teuer war der
Aufbau von Wissen?*

Der Wissenswert ist die Summe aller Investitionen, die bisher für den Aufbau nötig waren, wie z. B. die Kosten für Forschung und Entwicklung, Speicherung, Transfer etc.

Das Problem ist die Frage, welche Kosten in die Berechnung einbezogen werden, denn immerhin sind sie im Lauf langer

Jahre entstanden: Der Aufbau von Wissen ist Ergebnis zahlreicher Prozesse, die im Nachhinein schwer nachzuvollziehen sind.

Die Betrachtung ist zudem einseitig, weil nur quantitative Größen einfließen und keine kulturellen und organisatorischen. Die größte Schwäche ist, dass dieses Verfahren keinen Blick in die Zukunft ermöglicht und das künftige Potenzial nicht berücksichtigt, weil es nur die Vergangenheit einbezieht.

Wiederbeschaffungswert

Ein anderes Verfahren zur Bewertung von Wissen ist, jene Kosten anzusetzen, die heute nötig wären, um identisches Wissen zu kreieren. Grundlage ist also die Summe der imaginären aktuellen Anschaffungskosten von gleichem Wissen.

Was würde der Aufbau gleichen Wissens kosten?

Auch hier werden wieder nur Zahlen betrachtet und qualitative Größen vernachlässigt. Zudem ist Wissen einmalig, kein Unternehmen könnte identisches Wissen entwickeln. Das Verfahren besagt nichts über den Wert im Vergleich zu den Wettbewerbern und den künftigen Wert des Unternehmens.

7.1.2 Marktwert

Der Wissenswert ergibt sich daraus, welchen Verkaufspreis das Unternehmen als Ergebnis aus Angebot und Nachfrage an einem Markt erzielen würde.

Was würde der Handel am Markt erbringen?

Der Vorteil dieses Verfahrens ist, dass sich auch nicht zahlenmäßig erfassbare Größen im Wert ausdrücken, wie zum Beispiel Image und Goodwill. Jedoch ist die Einschätzung sehr subjektiv; nicht sichtbares Potenzial (implizites Wissen), das nicht ohne weiteres festgestellt werden kann, muss aufwändig erklärt werden, um in den Marktwert einzufließen. Überdies ist eine solche Bewertung gerade für junge Firmen schwierig, die in Bereichen wie Internet tätig sind – sie erzielen derzeit häufig noch keine Gewinne, aber dennoch horrende Verkaufspreise. Schließlich ermöglicht auch dieses Verfahren keinerlei Handlungsempfehlungen.

7.1.3 Kriterienmodelle

Diese Verfahren versuchen möglichst alle möglichen Einflussfaktoren auf die Entstehung des bestehenden Wissens eines

Der Wert setzt sich aus mehreren Kriterien zusammen

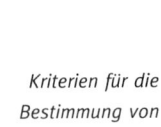

Kriterien für die Bestimmung von Wissenswert

Unternehmens zu berücksichtigen. Hierzu werden Indikatoren festgelegt, nach Punkten gewichtet und nach dem angenommenen Einfluss auf den Wissenswert verdichtet. Kriterien für die Bestimmung von Wissenswert sind zum Beispiel:

- die Fähigkeit, mit Wissen den Markt zu beeinflussen,
- Trend des Wissens (Wachstumspotenzial),
- Internationalität,
- Einzigartigkeit des Wissens,
- Stabilität des Wissens,
- Qualität und Kontinuität,
- Innovationskraft,
- Kreativität,
- Kundenverständnis,
- rechtlicher Schutz (zum Beispiel Patent).

Die WISSENSSTÄRKE gibt den Grad der Zuverlässigkeit auf künftige Gewinne des Wissens an

Ergebnis dieser mit Punkten bewerteten und anschließend gewichteten Kriterien ist die WISSENSSTÄRKE, der Grad der Zuverlässigkeit auf künftige Gewinne des Wissens. Dieser geht als Multiplikator zur Bestimmung des Wissenswerts ein. Je stärker das Wissen, desto höher ist der Multiplikator.

Dieses Verfahren ermöglicht eine differenzierte Erfassung der Bestimmungsfaktoren für Wissenswert. Doch auch hier ist eine Festlegung für junge Unternehmen schwierig, weil diese Kriterien noch nicht eindeutig bewertet werden können. Kriterienorientierte Verfahren werden jedoch am häufigsten in der Praxis eingesetzt und versprechen die gültigste Erfassung.

Für eine vertiefende Literatur eignen sich zum Beispiel die Bücher von Sveiby und Stewart; siehe Serviceteil D.

TEIL C ERFAHRUNGSBERICHTE

1 WISSENSMANAGEMENT IN EINER UNTERNEHMENSBERATUNG

von Andreas Rüter, Mitglied der Geschäftsleitung, und
Dr. Andrea Engelhardt, Associate
bei BOOZ·ALLEN & HAMILTON

1.1 Wissensmanagement – Überblick

»Lernt von den Experten, nicht (nur) von den Dokumenten.«
Mit dieser Aufforderung hat Chuck Lucier, Chief Knowledge
Officer bei BOOZ·ALLEN & HAMILTON, einen der wesentlichen
Ansprüche an Wissensmanagement auf den Punkt gebracht:
Das Sammeln und Bereitstellen von Informationen reicht
nicht aus. Zu einem erfolgreichen Wissensmanagement ge-
hört das Erarbeiten und Weiterentwickeln genauso wie das
Teilen von Wissen.

»Lernt von den Experten, nicht (nur) von den Dokumenten«

Wissensmanagement verlangt »fünf unnatürliche Handlungen« von den Mitarbeitern (siehe Abb. 1.1). Die größte Herausforderung stellen also die Menschen selbst dar – das
Teilen und gemeinsame Entwickeln von Wissen wird in der
Regel als »unnatürlich« angesehen. Aus diesem Grund erfordert die Implementierung von Wissensmanagement einen
erheblichen Wandel der Unternehmenskultur, wobei die Vorteile dieser Veränderung schnell für alle Beteiligten erkennbar sein müssen.

*Die größte Heraus-
forderung stellen die
Menschen selbst dar*

Zu erkennen, was der Kunde will, bevor er es selbst weiß,
die Breite und Tiefe des Wissens innerhalb der Unternehmung für jede einzelne Frage zu nutzen, sofortigen globalen
Zugang zu der gesamten Erfahrung der Organisation zu haben, dies sind nur einige Vorteile von Wissensmanagement:
»Wenn das Unternehmen nur wüsste, was es weiß.«

*»Wenn das Unter-
nehmen nur wüsste,
was es weiß«*

Immaterielle Vermögenswerte – so auch intellektuelles Kapital – sind im Begriff, Sach- und Finanzkapital als Quellen von
Wettbewerbsvorteilen abzulösen.

Wissen – also die Fähigkeiten und das Know-how von Menschen, Strategien zu erarbeiten, Produkte sowie Dienstleis-

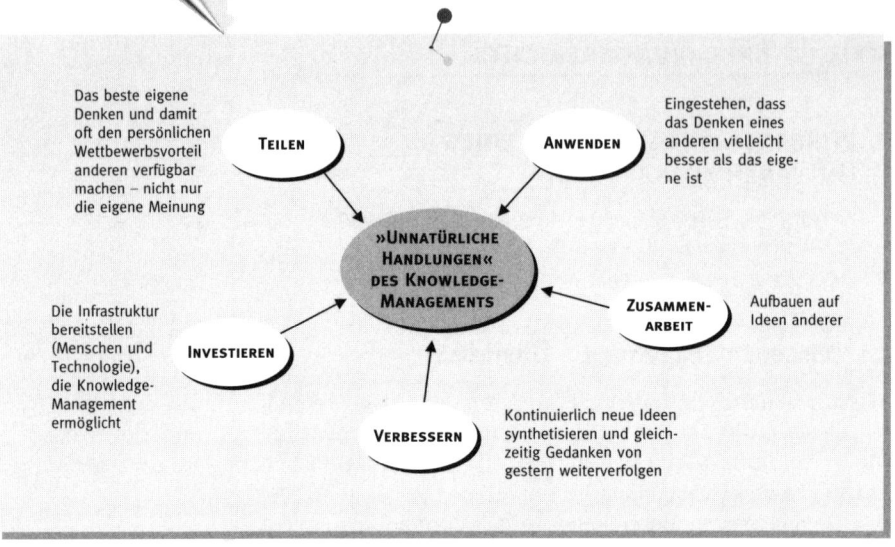

Abb. 1.1: Die »fünf unnatürlichen Handlungen« beim Wissensmanagement

Wissen entwickelt sich zum erfolgskritischen Faktor jeder modernen Organisation

tungen anzubieten und Probleme zu lösen – entwickelt sich zum erfolgskritischen Faktor jeder modernen Organisation. Wenn auch immateriell, so ist Wissen gleichwohl ein realer Wert, der von Kunden und Partnern wahrgenommen wird (wie z. B. Image, Marke, Treue, Beziehungen) und sich sogar – über den Buchwert hinaus – im Falle des Unternehmensverkaufs am Markt realisieren lässt. Wissensmanagement nutzt und bewertet diese »Wissens-Vermögenswerte«.

Vier Schlüsselbereiche bestimmen den erfolgreichen Aufbau von Wissensmanagement-Fähigkeiten innerhalb einer Organisation (siehe Abb. 1.2).

Wissen kann entweder die Form dokumentierter Information haben – explizites Wissen – oder in die Lernprozesse der Organisation eingebettet sein – implizites Wissen oder auch »tacit knowledge« genannt. Implizites Wissen befindet sich in den Köpfen der Mitarbeiter. Es sind die Fähigkeiten und Fertigkeiten, die sie im Laufe von Ausbildung und beruflicher Praxis erworben haben.

Beide Arten des Wissens bilden die interne Wissensbasis eines Unternehmens. Daneben gibt es externe Quellen, näm-

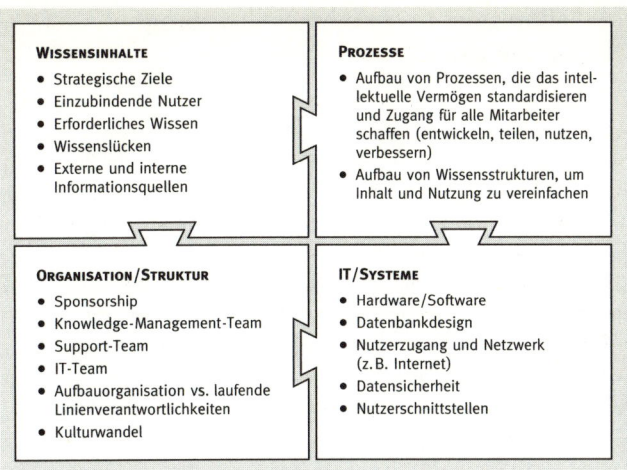

Abb. 1.2: Vier Schlüsselbereiche für Wissensmanagement

lich das so genannte »Stakeholder«-Wissen. Aus dieser Gruppe hervorzuheben sind die Kunden als Wissensträger. So vereinfacht beispielsweise das Sammeln von Wissen über Kunden deren Segmentierung anhand von Bedarfsprofilen und liefert Ideen für Produktinnovationen. Andere Träger von Stakeholder-Wissen sind die Aktionäre des Unternehmens, öffentliche Medien und Meinungsführer sowie Allianzpartner oder Regulierungsbehörden.

Lediglich fünf Prozent der Unternehmen haben eine dedizierte Stelle für einen Wissensmanager geschaffen. In den meisten Unternehmen ist eine solche Position entweder nicht als eigenständige Aufgabe vorgesehen oder sie verteilt sich auf mehrere Schultern. Zumindest 15 Prozent der Organisationen sehen Wissensmanagement als vorrangiges Thema, dem sich der Vorstands- oder Geschäftsführungsvorsitzende intensiv widmen sollte – hier nehmen insbesondere Dienstleistungsunternehmen eine Vorreiterrolle ein.

Die folgenden Abschnitte beschreiben Zielsetzung, Umsetzung und »Lessons Learned« des Wissensmanagement-Projekts der Unternehmensberatung BOOZ·ALLEN & HAMILTON als Beispiel für die Einführung und Etablierung von Wissensmanagement in der Dienstleistungsbranche.

1.2 Fallbeispiel Unternehmensberatung: Die Ausgangslage

BOOZ·ALLEN & HAMILTON hat als international tätige Unternehmensberatung mit den Schwerpunkten Management und Technologieberatung 1994 die zukunftsweisende Strategie *»Vision 2000«* »Vision 2000« entwickelt. Im Zuge der Umsetzung wurde die Organisation neu ausgerichtet: Eine länder-/regionenübergreifende Practice-Struktur löste das zuvor stark lokal geprägte Geschäftsmodell ab. Da Unternehmen immer stärker global operieren und damit der Bedarf besteht, internationale Beratungsteams aufzustellen, übertrug man die Verantwortung für das operative Geschäft auf vier Branchen und zwei funktional ausgerichtete Gruppen (siehe Abb. 1.3).

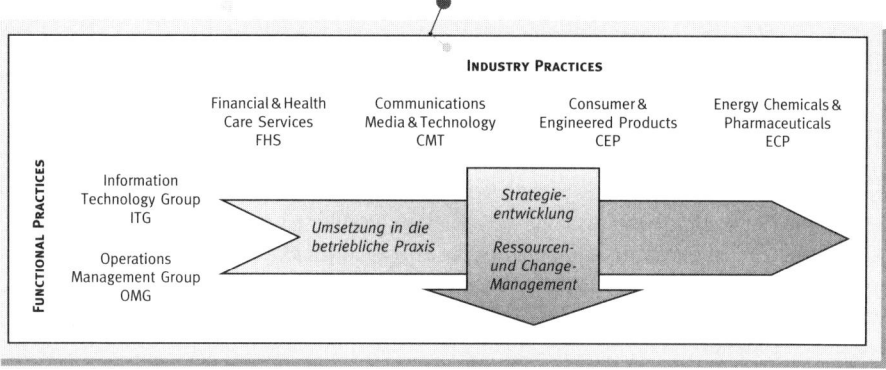

Abb. 1.3: Matrix-Organisation Booz·Allen & Hamilton

Als wesentliches Element für die Realisierung dieses Organisationskonzepts wurde ein Wissensmanagement-Programm gestartet. Nur mit der weltweiten Verfügbarkeit des jeweils »besten« Wissens ließ sich eine solche Reorganisation umsetzen. Die Integration und Entwicklung von jährlich rund 30 Prozent neuer Mitarbeiter in das Gesamtunternehmen kam als weiterer Grund hinzu.

1.3 Das Wissensmanagement-Projekt

BOOZ·ALLEN & HAMILTON war stets geprägt von Individualismus und von Beratern, die lieber in ihre eigenen Ansätze investierten. Die größte Herausforderung beim Einstieg in das Wissensmanagement war daher der Kulturwandel im Unternehmen (siehe Abb. 1.4).

HERAUSFORDERUNG BAH* 1994		Seniors	Juniors
TEILEN:	Das beste Denken für andere verfügbar machen – nicht nur die eigene Meinung	◑	◕
ANWENDEN:	Eingestehen, dass das Denken anderer vielleicht besser ist als das eigene, und dies auch umsetzen	◔	◕
ZUSAMMENARBEITEN:	Aufbauen auf Ideen anderer	◑	◕
VERBESSERN:	Kontinuierlich neue Ideen entwickeln und synthetisieren und gleichzeitig bestehende Gedanken weiterverfolgen	◑	◔

● Teil der Kultur   ○ Kein Bestandteil der Kultur

* Einschätzung des Status quo im Unternehmen entlang der unnatürlichen Handlungen beim Knowledge-Management

Abb. 1.4: *Herausforderungen bei der Initialisierung von Wissensmanagement*

»Das Problem lag bei den Partnern«, sagt Chuck Lucier, Chief Knowledge Officer von BOOZ·ALLEN & HAMILTON. »Das Wissensmanagement-Programm zwingt alle, ihre Werte neu zu definieren, anzuerkennen, dass jemand anders in einem bestimmten Bereich mehr weiß als man selbst, und zuzugeben, dass man eigentlich unverantwortlich handelt, wenn man keine anderen Partner zur Unterstützung hinzuzieht.«

Die größte Herausforderung war der Kulturwandel im Unternehmen

Im Lebenszyklus des Wissensmanagement-Projekts lassen sich drei Aufgabenblöcke unterscheiden: Die Vorprojekt- oder Definitionsphase, die eigentliche Projektphase und Wissensmanagement als Daueraufgabe im Unternehmen mit ständiger Weiterentwicklung (siehe Abb. 1.5).

Die Vision für das Wissensmanagement-Programm, das zu einem Quantensprung in der Qualität der Beratungsarbeit führte, lautete: »A vehicle to stimulate the exchange of ideas and to provide BAH staff all over the world easy and immediate access to our ›best thinking‹, current information/knowledge about our business, and the experts behind the ideas.« (»Ein Medium, um den Austausch von Ideen zu motivieren und den BAH-Mitarbeitern weltweit zu ermöglichen, auf einfache Weise und unverzüglich auf unsere ›Kernkompetenzen‹ zuzugreifen, aktuelle Informationen und Wissen abzurufen sowie mit den dahinter stehenden Experten Kontakt aufnehmen zu können.«)

AUFGABEN IM »LIFE CYCLE« VON WISSENSMANAGEMENT

AUFGABEN

VORPROJEKTPHASE	PROJEKTPHASE			DAUERAUFGABE
	Informations-management	Wissens-austausch	Managed Learning	STÄNDIGE WEITERENTWICKLUNG

- Festlegung der »Wissensvision« in Zusammenarbeit mit dem Top-Management
- Definition der Ziele und zu erreichende Verbesserungen
- Festlegung des Projektumfangs (Pilot vs. Big-Bang)
- Aufstellung des Projektteams

- Wissensmanagement-Strategie
- Kommunikationsprogramm
- Implementierungsplanung/Gesamtsteuerung

Prozesse
- Wissensprozesse entwickeln
- Wissen strukturieren

Change Management (Koordination)
- Widerstände entdecken und Strategien zur Überwindung entwickeln
- Kulturwandel in Richtung lernende Organisation
- Anreizsysteme

Infrastruktur (Koordination)
- Auswahl/Programmierung
- Wissensmanagement-System
- Systementwicklung/-wartung

Inhalte (Koordination)
- Innovationsteam (virtuell)
- Generierung der Inhalte
- Multiplikatoren

- Monitoring der Ergebnisse
- Ständige Aktualisierung und Weiterentwicklung des besten Wissens
- Identifikation neuer Einsatzgebiete und Chancen im Unternehmen
- Entwicklung neuer Produkte, d.h. neue Wissens-/Innovationsteams
- Ausbau in Richtung Kunden: Extranet zum Austausch von bestem Denken mit den Kunden

Abb. 1.5: Aufgaben im Wissensmanagement

Fünf Prinzipien

Fünf Prinzipien leiteten das BOOZ·ALLEN & HAMILTON-Projekt:

1. Fokussierung auf Schlüsselinhalte mit hoher Wirkung,

2. Demonstration der Umsetzbarkeit durch Pilotprojekte und Prototyp-Erstellung,

3. Erzielung eines hohen Wirkungsgrads für ausgewählte Nutzer, um eine Welle der Begeisterung auszulösen,

4. Aufstellung eines kleinen Kernteams zur Förderung von Wissensschaffung und -verbreitung,

5. Erzielung erster, schnell greifbarer Ergebnisse kurz nach der Einführung.

Bei der Initialisierung des Wissensmanagement-Programms wurden folgende Erfolgsparameter als Messgrößen definiert:

Erfolgsparameter als Messgrößen

- Innovationskraft stärken und steigern: Messbar durch Anzahl, Qualität und »Business Impact« von neuen, innovativen (Beratungs-)Produkten bzw. entsprechenden Lösungen für die Kunden,

- Markennamen stärker etablieren: messbar durch die Anzahl der Zitationen in den Medien und das Ausmaß an Veröffentlichungen,

- Umsatz deutlich steigern: messbar durch eine höhere »Hit Rate« im Angebotsprozess oder in der prozentualen und mengenmäßigen Erhöhung des Folgegeschäfts bei den Kunden,

- Kosten substanziell reduzieren: messbar durch Reduktion des Aufwands für die Erstellung von Vorschlägen, Reduktion von Forschungs- und Administrationsaufwand, schnellere und effektivere Integration von neuen Mitarbeitern und damit erfolgreicheren Einsatz bei den Kunden,

- Attraktivität für High Potenzials erhöhen: messbar durch die Entwicklung der Rate von Angeboten an Bewerber und deren Zusagen oder auch an der Fluktuationsrate (steile Lernkurve als Motivationsfaktor).

In Anschluss an die Bestimmung der Projektziele galt es parallel zur Identifikation der besonders wissensintensiven Prozesse und der Definition von wettbewerbsrelevantem Wissen eine moderne Wissensmanagement-Anwendung zu konzipieren und umzusetzen.

Die technische Plattform für das Wissensmanagement ist das mehrfach ausgezeichnete KOL (Knowledge On-Line), das als eines der ersten webbasierten Intranets Ende 1995 eingeführt wurde und allen Mitarbeitern weltweit zur Verfügung steht (siehe Abb. 1.6). Diese Anwendung bietet dem Benutzer komfortablen Zugriff auf Dokumente, in denen vor allem die Arbeitsergebnisse von Booz·Allen & Hamilton in einem einheitlichen Format abgelegt sind.

Knowledge On-Line

Da das Ausmaß, in dem ein Mitarbeiter Beiträge für KOL liefert, in die Leistungsbeurteilung einfließt und sich in der Höhe des jährlichen Bonus monetär auswirkt, bestehen kon-

Teilnahme am Wissensmanagement zahlt sich für Mitarbeiter aus

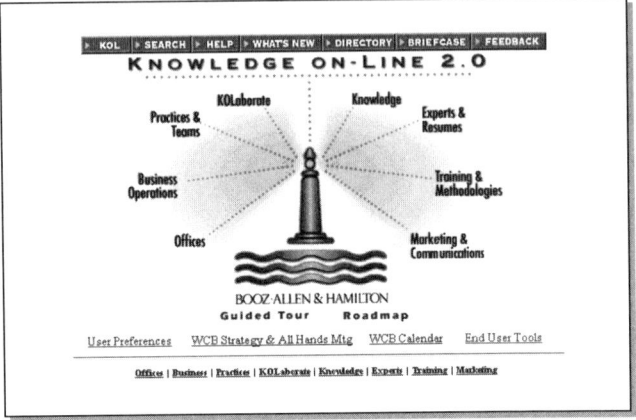

Abb. 1.6: Wissensmanagement-Anwendung KNOWLEDGE ON-LINE

krete persönliche Anreize dafür, das eigene Wissen anderen zur Verfügung zu stellen. Viele Dokumente entstehen in der Phase nach Abschluss von Beratungsprojekten, bei denen die Teams das Wissen festhalten, das sich für ähnliche Fragestellungen wiederverwenden lässt.

Dokumente auf der Wissensplattform werden in einer Qualitätssicherungsrunde bewertet

Die Dokumente werden beim Wissensmanagement-Kernteam eingereicht. In einer Qualitätssicherungsrunde bewertet das Kernteam, ob das Dokument den Maßstäben für eine Aufnahme in KOL genügt. Dafür holt man zum Beispiel das Urteil von für das Sachgebiet bekannten BOOZ·ALLEN & HAMILTON-Experten ein. Beispiel für ein Gütekriterium ist der Neuigkeitsgrad der Inhalte, ein weiteres die Klarheit der Darstellung. Fällt die Entscheidung, ein Dokument in KOL bereitzustellen, so werden alle Referenzen auf das zu Grunde liegende Beratungsprojekt getilgt, Schlagwörter vergeben und Datum sowie Autor/-en verzeichnet.

Dokumente lassen sich durch die Eingabe von Stichwörtern oder nach hierarchisch gegliederten Suchpfaden wieder finden. Unter der Rubrik »What's new?« listet KOL die Einträge nach dem Datum der Veröffentlichung. In seinem elektronischen »briefcase« sammelt der Benutzer alle Dokumente, die ihn zu einem Thema interessieren. Per Knopfdruck lassen sich ausgewählte Beiträge, in einer Datei zusammengefasst, auf den Laptop herunterladen.

Neben den inhaltlich orientierten Dokumenten sind in KOL die Lebensläufe der Mitarbeiter verschlagwortet und hinterlegt. Die für Ausbildung zuständige Abteilung von Booz·Allen & Hamilton bietet Computer-Based Training-Module an, die sich die Mitarbeiter für das Selbststudium auf den Laptop laden. Der Benutzer kann sich dort auch über die Kurse und den Terminkalender der Ausbildungsabteilung informieren. Des Weiteren gibt es reservierte Kollaborationsbereiche, in denen sich Interessengruppen zu einem bestimmten Thema weltweit austauschen. Abgerundet wird das Informationsangebot durch Zugriffsmöglichkeiten auf die Dienste externer Lieferanten, wie Marktforschungsunternehmen oder Nachrichtenagenturen.

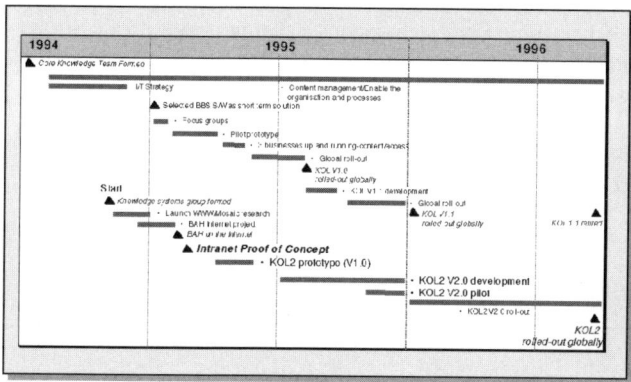

Abb. 1.7: Projekt-Zeitplan

Der Zeitplan, nach dem KOL realisiert wurde, zeigt überlappende Phasen in den zwei Projektjahren (Mitte 1994 bis Mitte 1996). Parallel wurde die Möglichkeit der Implementierung auf Basis der Internet-Technologie evaluiert und durch Rückgriff auf bestehende Software schnell ein Prototyp zur Verfügung gestellt. Ersteres sicherte Know-how im Umgang mit einer sich rapide entfaltenden Technologie und Zweiteres brachte den zukünftigen Anwendern ein Werkzeug näher, das sie in ihrer Arbeit nicht mehr missen mochten (s. Abb. 1.7).

Anschließend diente das erste System dazu, die Mitarbeiter weltweit mit KOL als Plattform für das Wissensmanagement vertraut zu machen. Die zweite Version von KOL profitierte von den Erfahrungen der Anwender sowie der IT-Fachleute.

Die Anforderungen der Benutzer waren geklärt, Wissen über die technischen Möglichkeiten aufgebaut und das System in seiner heute aktuellen Form rasch implementiert.

1.4 Etablierung von **Wissensmanagement** in der Organisation

Erfolgskritisches Element des Wissensmanagement-Programms war der Aufbau einer Wissensmanagement-Community – zunächst als Projekt, später übergehend in eine Daueraufgabe im Unternehmen (siehe Abb. 1.8). Mit der Benennung eines Seniorpartners als Chief Knowledge Officer konnte die entsprechende Verankerung im Unternehmen und damit die Durchsetzungskraft sichergestellt werden. Alle drei Jahre rolliert die Aufgabe an einen anderen BOOZ·ALLEN & HAMILTON-Partner.

Wissensmanagement-Community

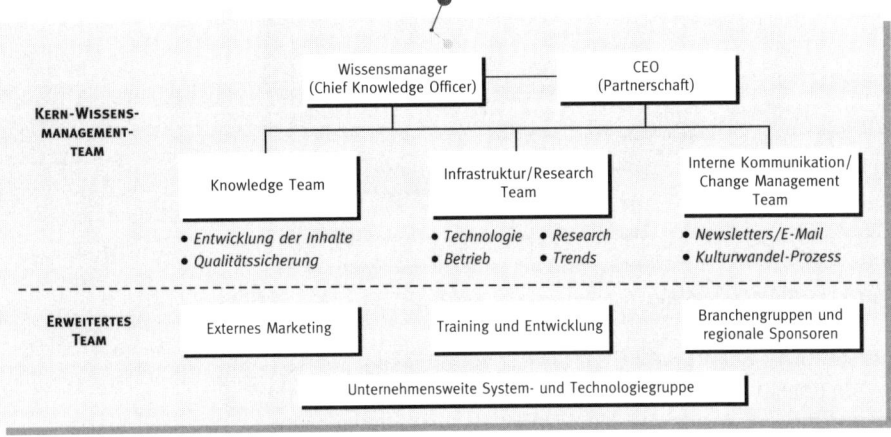

Abb. 1.8: Wissensmanagement-Organisation

KNOWLEDGE OFFICE

Die Wissensmanagement-Organisation, das KNOWLEDGE OFFICE, besteht aus einem Kernteam, das innerhalb des Unternehmens durch ein erweitertes Team unterstützt wird. Das Kernteam ist verantwortlich für die Entwicklung der Inhalte und die Qualitätssicherung. Es bewertet die eingehenden Dokumente, überprüft ständig die Aktualität des abgelegten Wissens und versucht Wissenslücken aufzuspüren. Technische Unterstützung leisten Spezialisten, die die Infrastruktur bereitstellen und die technologischen Trends daraufhin beobachten, wie sie sich nutzbar machen lassen. Gezielt setzt das Kernteam auf die Möglichkeiten der internen Kommunikation, um allen Mitarbeitern die Bedeutung von Wissensmanagement transparent zu machen.

Das erweiterte Team setzt sich aus themenorientiert arbeitenden Gruppen zusammen, die sich in der Organisation mit dem Ziel bilden, projektübergreifend längerfristig relevante Interessensgebiete zu vertiefen. BOOZ·ALLEN & HAMILTON bezeichnet diese als Innovationsteams. Ein aktuelles Beispiel dafür ist eine Arbeitsgruppe, die sich mit dem Thema »E-Business« auseinander setzt.

Innovationsteams

1.5 Lessons Learned

Die Positionierung des Chief Knowledge Officer kann in der Geschäftsführung, in einer Linien- oder Stabsfunktion erfolgen beziehungsweise nur für eine Projektlaufzeit als Projektmanager definiert sein. Aus unserer Erfahrung hat bei unternehmensweiten Ansätzen nur eine Verankerung in der Geschäftsleitung als strategische Aufgabe mit entsprechendem Durchsetzungsvermögen eine Chance auf Erfolg. Bei Wissensmanagement-Initiativen in ausgewählten Pilotbereichen sollte die entsprechende Linienfunktion federführend verantwortlich sein. Stabsfunktionen, insbesondere ohne direkte Anbindung an die Geschäftsführung, besitzen meist nicht die ausreichende Durchsetzungskraft oder werden nicht dauerhaft ernst genommen und stellen von daher keine geeignete Alternative für eine umfassende Realisierung dar. Zudem besteht hier immer die Gefahr, dass der Stab vom Kerngeschäft des Unternehmens zu weit entfernt ist.

Stabsfunktionen besitzen meist nicht die ausreichende Durchsetzungskraft zur Umsetzung von Wissensmanagement

Um die Bereitschaft zur aktiven Mitarbeit sicherzustellen und ein Produkt sowie einen Prozess zu etablieren, der in der gesamten Organisation Anwendung findet, ist in der Dienstleistungsbranche ein unternehmensweiter Ansatz für das Wissensmanagement notwendig. Für Industrieunternehmen hingegen hat sich die Verankerung in einem ausgewählten Geschäftsbereich als sinnvoll erwiesen.

In der Dienstleistungsbranche ist ein unternehmensweiter Ansatz notwendig

Die Wissensmanagement-Organisation des Chief Knowledge Officers besteht in der Regel aus drei Bereichen:

Aufgabenbereiche
des Chief Knowledge
Officers

1. KNOWLEDGE OFFICE (KERNTEAM): Festlegung der Wissens-management-Strategie, Umsetzung des Wissensmanage-ment-Projekts, Kommunikationsprogramm;

2. IT-SUPPORT: Auswahl, Design und Programmierung/An-passung einer Wissensmanagement-Software auf einer entsprechenden Plattform, Systemwartung und Weiterent-wicklung;

3. KNOWLEDGE OFFICE (ERWEITERTES TEAM): Koordination, Führungsrolle bei der Erstellung der Wissensinhalte, Inno-vations-Teams, Marketing.

Das Projekt selbst kann durch ein fokussiertes Kernteam durch-geführt werden, das die Wissensmanagement-Initiative zent-ral entwickelt und überwacht, durch ein kleines zentrales Wis-sensmanagement-Team, das von themenbezogenen Experten in anderen organisatorischen Gruppen aufgebaut und unter-stützt wird, oder alternativ durch ein flächendeckendes Wis-sensmanagement-Team mit breiter organisatorischer Abdek-kung. Im Gegensatz zu den fokussierten Teams ist das flä-chendeckende Team direkt an jede Wissensmanagement-Ini-tiative innerhalb der Organisation angebunden.

Eine »Wissensvision«
muss festgelegt werden

Die wesentliche Voraussetzung für die Initialisierung der Auf-gabe ist die Identifikation und entsprechende Positionierung eines Wissensmanagers. Dieser legt die »Wissensvision« in Zusammenarbeit mit dem Top-Management fest, stellt ein Team aus Mitarbeitern der involvierten Funktionsbereiche, Personalentwicklungs- und IT-Abteilung zusammen und legt Ziele, Projektumfang sowie Meilensteine fest.

Entwicklung der Inhalte, Aufbau der Infrastruktur und Steu-erung des Change-Management-Prozesses sind unbedingt gleichzeitig zu verfolgen. Nur so hat ein Wissensmanage-ment-Projekt Aussicht auf Erfolg. Dauerhaftes Gelingen lässt sich aber nur mit bleibender höchster Aufmerksamkeit si-cherstellen. Zur ständigen Weiterentwicklung, aber auch zur kontinuierlichen Motivation der Mitarbeiter ist mit Projekt-ende Wissensmanagement als Daueraufgabe zu etablieren.

Wissensmanagement
muss als Daueraufgabe
etabliert werden

Die Regeln und Anreize, die den Wissenstransferprozess be-stimmen, sind ebenso wichtig wie der organisatorische Rah-men selbst. Unternehmen müssen einen Mittelweg finden, bei dem internes Lernen und Teilen ebenso belohnt wird wie individuelle Leistung. Zusammenhänge zwischen Leistungsmessung und Entlohnungssystem sind absolut erfolgskritisch.

Internes Lernen und Teilen sollte ebenso honoriert werden wie individuelle Leistung

Leistungsanreize sind mit dem Engagement für Wissensmanagement untrennbar verbunden. Die Erfahrung zeigt, dass es ohne diese nicht dauerhaft und flächendeckend funktioniert. Mitarbeit beim Schaffen von Wissen muss in die Beurteilungen einfließen und sich direkt in monetären Vorteilen ausdrücken. Anerkennung durch Veröffentlichung oder besondere Ehrung von außergewöhnlichem Engagement (und Qualität) tragen darüber hinaus zur proaktiven Mitarbeit bei.

Eine weitere wichtige Lehre aus den Erfahrungen bei BOOZ·ALLEN & HAMILTON mit der Etablierung von Wissensmanagement bezieht sich auf die Rolle der IT: Technologie transportiert Wissensmanagement. Das Vehikel darf jedoch nicht mit den Inhalten gleichgesetzt werden. »Systemfreaks« neigen dazu, den Lernprozess in der Organisation außer Acht zu lassen, und vergessen oft, dass die Technologie nur unterstützen soll.

Informationstechnologie ist nur Mittel zum Zweck

Informationstechnologie hilft, den weit sichtbaren Erfolg für ein Wissensmanagement-Programm zu sichern. Allerdings ändert sich die Technologie so schnell, dass die (technischen) Lösungen von heute bereits in sechs Monaten wieder veraltet sind. So ist es eine Anforderung an den Chief Knowledge Officer, eine Vision davon zu entwickeln, was für die Anwendungen des Wissensmanagements technisch möglich ist und sein wird. Dabei sollte der Chief Knowledge Officer unbedingt verhindern, dass die Wissensmanagement-Initiative die gesamten technischen Infrastrukturkosten (zum Beispiel E-Mail, unternehmensweites Intranet) rechtfertigen muss.

Der Kern einer Wissensmanagement-Initiative ist kontinuierliches Lernen. Folglich ist es unnötig (unter Umständen sogar schädlich), eine zu detaillierte Strategie zu konzipieren, denn viele Elemente werden erst im Lernprozess klar. Aus diesem Grund ist es empfehlenswert, eine »vage« langfristige Vision des Beitrags von Wissensmanagement zum Unternehmenserfolg zu entwickeln. Investitionen sollten auf vier- bis sechsmonatige Initiativen konzentriert werden. So lassen sich sinn-

Wissensmanagement ist ein kontinuierlicher Lernprozess

Kurzfristig umsetz-
bare Verbesserungen
motivieren

volle, kurzfristig umsetzbare Verbesserungen identifizieren und die Notwendigkeit zu einem Wandel transparent machen. Gleichzeitig erzielt man Fortschritte bei der Realisierung der langfristigen, laufend fortgeschriebenen Vision für das Wissensmanagement.

Wissensmanagement macht Spaß, verbessert die Lernkurve, damit die Qualität der Arbeit und fördert die Motivation – von daher sollte man alles daransetzen, die existierenden Barrieren zu überwinden und Wissensmanagement-Initiativen umzusetzen.

2 WISSENSMANAGEMENT IN MITTELSTÄNDISCHEN UNTERNEHMEN

von Günter Schulz und Achim Neurath,
KRONE AG, BERLIN

2.1 Das Förderprojekt »Firmenweiter Informations Verbund«

Wissensmanagement in deutschen Unternehmen ist einem kürzlich veröffentlichten Ranking »MAKEsm« (Most Admired Knowledge Enterprises) zufolge noch wenig verbreitet: Erst ein Drittel der großen deutschen Unternehmen hat das Thema Wissensmanagement auf seine Tagesordnung gesetzt. Anfang 1998 ist daher das Projektteam »Firmenweiter Informations Verbund« angetreten, um Wissen in Berliner klein- und mittelständischen Unternehmen (KMU) in firmenweiten Intranets abzubilden. Das Projekt wird unterstützt durch Fördergelder des Senats für Arbeit Berlin sowie der Europäischen Union.

Ziel des Projektes

Ziel des Projekts ist es, zentrale Geschäftsprozesse entlang der Wertschöpfungskette in ausgewählten KMU daraufhin zu untersuchen, inwieweit sie in einem Intranet abbildbar sind.

Die beteiligten Firmen und Verbünde sind in den Branchen Metall, Elektro, Medien angesiedelt. Von den Auswirkungen waren alle Beschäftigtengruppen betroffen – vom ungelernten Arbeiter über die Sachbearbeitung, das Management bis hin zur Geschäftsführung. Die Betriebsräte der Firmen wurden nicht nur informiert, sondern auch in der gewünschten Form als Katalysatoren eingebunden.

PROJEKTINHALTE WAREN VOR ALLEM: *Projektinhalte*

- Vermitteln des Umgangs mit dem Internet,
- Einrichten von Internet-Zugängen und Web-Auftritten,
- Analyse und Optimierung von Geschäftsprozessen,
- Entwickeln kooperativer, netzbasierter Ausschreibungstools in Informationsverbünden,
- Entwickeln und Anwenden teamorientierter und gegebenenfalls firmenübergreifender elektronischer Formulare.

2.2 Projektergebnisse

Die Projektkonsequenzen sind vielfältig und können hier nur kurz angerissen werden. Das Projektteam steht jedoch gern allen Interessenten für den Austausch von Informationen, Wissen, für die Übermittlung von Dokumenten und zu Gesprächen bereit.

KONSEQUENZEN FÜR DEN MITARBEITER

Überall erkannten die Mitarbeiter erstmals ihren Platz in der Wertschöpfung als auch den ihrer Kollegen. Dies führte schlagartig zu Einsichten folgender Art: *»Wenn ich gewusst hätte, dass Sie von mir ... benötigen!«* Solche spontanen Äußerungen zeigen, dass die Betroffenen bereit sind, ihre Arbeitsabläufe künftig zu überdenken. Die Mitarbeiter verlieren ihre Schwellenangst, »ihr« Wissen abzugeben und dem Team bereitzustellen, weil sie erkennen, dass dies nicht Verlust bedeutet, sondern gemeinsamen Gewinn im gemeinsamen Prozess ermöglicht.

Gemeinsamer Gewinn im gemeinsamen Prozess

Durch den Blick über den eigenen Arbeitsplatz hinaus und unter Anleitung des Moderators waren die Mitarbeiter zur Übernahme von Verantwortung für den Prozess bereit. Dies reichte so weit, dass sie das schwächste Glied ihrer Prozesskette genauso fördernd-wohlwollend behandelten wie den eigenen Arbeitsinhalt.

Die Mitarbeiter werden aber zugleich erwarten und fordern, dass sie ihren Prozessanteil so bearbeiten dürfen, wie sie es für angemessen halten – der Moderator hatte sogar darum gebeten, Wünsche zu äußern. Hieraus ergeben sich Folgerungen für die Entgeltstruktur und die Zeiterfassung:

KONSEQUENZEN FÜR DIE ENTGELTSTRUKTUR

Mitarbeiter wollen am Ergebnis gemessen werden

Die Mitarbeiter akzeptieren den neuen Blick auf die Prozesse und ihre neuen Möglichkeiten. Sie fordern jedoch auch, nicht mehr am Weg zur Leistung, sondern am Ergebnis gemessen zu werden. Wir haben allen KMUs nahe gelegt, die für die Abrechnung erforderliche Zeitaufschreibung so zu gestalten, dass auch das bloße Nachdenken über Fragen des Projekts als legitime und geldwerte Beschäftigung gilt. Jeder qualifiziert Arbeitende weiß aus eigener, oft sprichwörtlicher Erfahrung, dass einem die besten Ideen an den unmöglichsten Orten kommen. Warum sollte ernsthaft betriebene betriebliche Wertschöpfung dem nicht Rechnung tragen? Darüber hinaus wurde im Projekt nicht Quantität, sondern Qualität honoriert, getreu der Maxime: »Ich habe dir drei Seiten über … geschrieben; um daraus eine Seite zu machen, hatte ich nicht die Zeit.« Neue Belohnungsformen gehören unseres Erachtens zur Grundausstattung von Prozessoptimierung. Sie müssen nicht geldwert sein, weil die Mitarbeiter zunehmend immaterielle Wünsche zum Arbeitsplatz- und Lebensgestaltung äußern.

KONSEQUENZEN FÜR DIE ZEITERFASSUNG

Keine Zeiterfassung mehr

Für den Mitarbeiter kann eine Zeiterfassung eher entfallen: Stattdessen wird er daran gemessen, DASS er sein Arbeitsergebnis erbringt, und nicht, WIE er es erbringt.

KONSEQUENZEN FÜR DIE FÜHRUNGSTÄTIGKEIT

Die bisherige Qualifikation von Führungskräften in traditionellen Unternehmen – sammeln, zurückhalten, verteilen, abschirmen – wird zunehmend kontraproduktiv. Führungskräfte, die in prozessorientierten Wertschöpfungsketten tätig sind, machen sich bezahlt, wenn sie als gebildete Moderatoren und Coaches an der Gestaltung und Organisation der Wertschöpfung teilhaben.

KONSEQUENZEN FÜR DIE FIRMENORGANISATION

Prozesse lassen sich nur dann gestalten, wenn sie überschaubar sind oder überschaubar gemacht werden.

KONSEQUENZEN FÜR DIE SOFTWARE-ENTWICKLUNG

Unternehmen bezahlen für die heute meist benutzte Standard-Software zwar meist den vollen, vom Hersteller bestimmten Listenpreis, doch die Anwender nutzen meist nur 10 bis 20 Prozent der Menü-Optionen; neben wenigen wichtigen Funktionen gibt es viele, die meist nur Spezialanwender einsetzen. Gemeinsam mit den Prozessbeteiligten sollte daher eine spezielle Firmenversion der Standard-Software erstellt werden, die es zulässt, jede Funktion auf der Menü-Oberfläche abzubilden, sobald und solange sie benötigt wird. Das Ergebnis wären drastisch vereinfachte Oberflächen nach dem Prinzip: So viel wie nötig, so wenig wie möglich, die aber das Arbeitsgedächtnis der Mitarbeiter weitgehend abbilden.

KONSEQUENZEN FÜR DIE AUDITIERUNG

Jeder Verantwortliche für Qualitätsmanagement kennt die gängige Praxis der Auditierung, zum Beispiel ISO-Zertifizierungen: Einmal festgelegte Abläufe sind in ausgedruckten Ordnern dokumentiert, die meist so lange nicht benutzt werden, bis wenige Wochen vor dem Auditierungstermin die tatsächlichen Abläufe den hinterlegten Prozeduren angepasst werden.

Die Nutzung netzbasierter Workflow-Software lässt künftig die Einheit von Form und Inhalt zu; das heißt, dem Auditor wird der Zugriff auf gewünschte absolvierte Prozesse im System gewährt – der ausgedruckte Ordner erübrigt sich.

Eine Tele-Auditierung verringert erheblich die bisher aufgewendeten Ressourcen, sie ermöglicht auch eine Abkehr von der nachbereitenden Kritik, die eine Auditierung heute meist darstellt, hin zu einer netzbasierten Begleitung der gewöhnlichen Geschäftstätigkeit – also einer frühen Fehlervermeidung und Korrektur an Stelle einer späten »Bestrafung«. In einer solchen Effizienzsteigerung von Auditierungsabläufen sieht das Projektteam übrigens die Möglichkeit zur schnelleren, kostengünstigeren Durchsetzung EU-weiter Normen,

Prüfsiegel etc. und wird in der Folge das Gespräch mit nationalen und internationalen Auditorenvertretern aufnehmen, um die Akzeptanz solcher Vorstellungen zu verifizieren.

KONSEQUENZEN FÜR DIE UNTERNEHMENSKULTUR

Ein Unternehmen mit einer prozessorientierten Sicht sollte sich ganzheitlich sehen und flexibel sein. Das Selbstverständnis einer komplexen Bewegung kann nicht im Festschreiben von Besitz münden. Besonders im E-Business wandelt sich die frühere Auffassung von Unternehmen als Konkurrenten immer mehr in die Haltung, unternehmensübergreifend gemeinsame Ziele zu entwickeln.

3 WISSENSMANAGEMENT IM INTRANET – DAS KNOWLEDGE CAFÉ

von Marten Schönherr,
HERLITZ PBS AG, BERLIN

In einem viermonatigen Projekt mit der HERLITZ PBS AG/BERLIN wurden das Konzept und der Prototyp für eine intranetbasierte Software entwickelt, die ein integriertes Wissensmanagement unterstützt. Techniken, Methoden und Ergebnisse des Projektes und die Funktionalität des KNOWLEDGE CAFÉS werden im Folgenden kurz dargestellt.

Angeregt durch das Interesse von HERLITZ, kam es im Herbst 1998 in einem Gemeinschaftsprojekt mit der Technischen Universität und der ALTAVIER GMBH BERLIN zu einem Wissensmanagement-Kick-off-Meeting. Dem Unternehmen waren die Grundideen des Themas bekannt, allerdings gab es nur sehr ungenaue Vorstellungen, woran und wie man in einem solchen Projekt arbeiten würde.

Diese Ausgangssituation dürfte in vielen vergleichbaren Fällen vorliegen: Unternehmen sehen sich entweder einem neuen Trend gegenüber, von dem sie bisher nur wenig wissen, oder es besteht dringender Handlungsbedarf, da durch Defizite im Umgang mit der Ressource Wissen bereits Wettbewerbsnachteile entstanden sind.

Aus diesem Grund wurde vor dem Projekt mit der HERLITZ PBS AG ein im Folgenden beschriebener Initialworkshop durchgeführt.

3.1 Initialworkshop – Grundlage für den Erfolg

Der Initialworkshop fasste die Grundlagen des Wissensmanagements im Überblick zusammen. An insgesamt vier Terminen konnten sich Projektleiter und Mitarbeiter des Unternehmens mit Konzepten, Praxiserfahrungen und derzeit eingesetzten Tools vertraut machen. Ebenfalls wurden bereits vorab individuelle Anforderungen des Projektpartners identifiziert.

Besonderer Wert wurde dabei auf die notwendige Integration organisatorischer, technischer und psychologischer Komponenten in einem umfassenden Wissensmanagement-System gelegt. Weiterhin sollte allen Beteiligten verdeutlicht werden, dass kurzfristig nur mit begrenzten Erfolgen zu rechnen ist. Einen ganzen Tag widmete sich der Initialworkshop den Problemen und Barrieren, die sich in der Regel der Einführung eines Wissensmanagements entgegenstellen.

SCHWERPUNKTE DES INITIALWORKSHOPS

- Grundlagen des Wissensmanagements
- Notwendigkeit der Unterstützung durch das Top-Management
- Einführungsstrategien (Domino-Effekt, Global Implementation)
- Ziele und Erwartungen an ein Wissensmanagement
- Zeithorizont und notwendige Ressourcen
- Messung möglicher Erfolge (Balanced Scorecard, Bilanzierung)
- Probleme und Barrieren (organisatorisch, psychologisch, technologisch)
- Einsatz von Technologien
- Motivation der Mitarbeiter
- Fortführung der Maßnahmen ohne externe Partner

Der Wert dieser umfassenden Einführung stellte sich als deutlich höher dar, als vorher angenommen wurde: Da alle Beteiligten bezüglich der Ziele und Methoden des Projektes vorbereitet waren, kam es während der viermonatigen Laufzeit nur sehr selten zu falschen Erwartungen, Missverständnissen und damit verbundener Frustration der beteiligten Mitarbeiter.

3.2 Das Projekt

Das Projekt wurde von einem Team mit insgesamt sechs Personen begleitet. Es setzte sich zusammen aus drei externen Beratern (TU BERLIN/ALTAVIER GMBH) und drei HERLITZ-Mitarbeitern aus IT und Fachabteilungen. Insgesamt wurden über 50 Mitarbeiter in das Projekt einbezogen.

Das im Folgenden beschriebene Vorgehen im Wissensmanagement-Projekt basiert auf einem einfach strukturierten Drei-Phasen-Ansatz, der zu einer erfolgreichen individuellen Umsetzung eines umfassenden Wissensmanagements in Unternehmen führt. Es werden Hilfsmittel aufgezeigt, die Projekte dieser Art organisatorisch und inhaltlich unterstützen.

Der Projektansatz gliedert sich in Analyse, Konzept und Implementierungsphase.

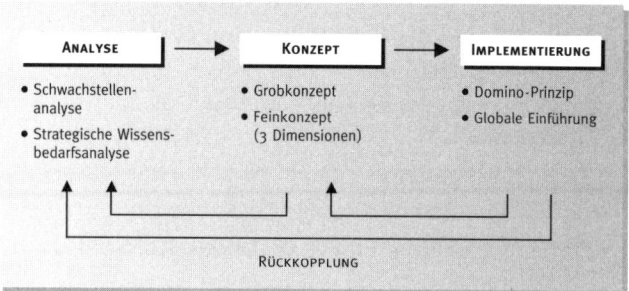

Abb. 3.1: Projektmanagement zur Einführung eines integrierten Wissensmanagement-Systems

Analyse

Die Analyse-Phase besteht aus Schwachstellenanalyse und Strategischer Wissensbedarfsanalyse. Hintergrund einer Schwachstellenanalyse ist die Betrachtung des Ist-Zustandes der Organisation bezüglich spezifischer Wissensmanagement-Probleme. Untersucht werden vor allem: *Schwachstellenanalyse*

- Informationsfluss innerhalb des Unternehmens (Medien, Durchlaufzeiten),
- Informationsbeschaffung durch die Mitarbeiter (Art, Dauer, Effizienz),
- Ein- und Umlernprozesse der Mitarbeiter (Methodik, Zeitdauer, Unterstützung),
- Kernkompetenzen (wertschöpfungsintensive Prozesse).

Als Erhebungsmethoden wurden die persönliche Befragung und die Inventur angewendet. Grundlage für die Befragung waren ausführlich vorbereitete Interviews, die mit Schlüsselpersonen, so genannten Prozesseignern (»Process-Ownern«), bis zu drei Stunden in Anspruch nahmen. Ebenfalls konnten vom Beratungsteam umfangreiche Unterlagen (Prozessbeschreibungen, Pflichtenhefte, Geschäftsberichte etc.) gesichtet und somit ein umfassendes Verständnis für Prozesse und Strukturen aufgebaut werden.

Ergebnis der Ist-Analyse waren Schwachstellen vor allem in der Kommunikations- und Lernkultur. Neue Mitarbeiter benötigten teilweise enorme Einarbeitungszeiten. Selbst erfahrene Projektmanager beschrieben die Zeit, die sie täglich für Informationsbeschaffung im Unternehmen aufwenden, als Hauptteil ihrer Arbeit. Mögliche Methoden und Techniken zur Unterstützung dieser Bereiche waren nicht oder nur teilweise umgesetzt; wenn sie verfügbar waren, wurden sie nur wenig von den Mitarbeitern akzeptiert. *Schwachstellen vor allem in der Kommunikations- und Lernkultur*

Die strategische Wissensbedarfsanalyse ermittelt den individuellen Bedarf an zukünftig benötigtem Wissen und prozessorientierter Kernkompetenz. In die Ermittlung des mittel- und langfristigen Wissensbedarfs werden erkannte Schwachstellen und branchenspezifische Entwicklungen einbezogen. Anschließend können Quellen für die Beschaffung dieses Wissens recherchiert werden. Hier kommen neue Medien wie das Internet und kommerzielle Informationsanbieter ebenso in Frage wie klassische Möglichkeiten (Bücher, Zeitschriften, externe und interne Weiterbildungsangebote). *Strategische Wissensbedarfsanalyse*

Definition strategischer Wissensziele

Zentrale Aufgabe der strategischen Wissensbedarfsanalyse ist die Definition strategischer Wissensziele und die Vorbereitung der Erschließung interessanter Quellen. Die Ergebnisse dieser Analyse fließen in die folgende Konzept-Phase ein.

Während der Analyse wurden alle Ergebnisse der Befragungen und sonstiger Aktivitäten schriftlich und grafisch aufgearbeitet und interaktiv in mehrere Ebenen gegliedert (Hyperlink-Struktur). Diese (HTML-)Unterlagen konnten somit direkt in das bereits vorhandene Intranet gestellt werden. Alle in die Analyse einbezogenen Mitarbeiter des Unternehmens wurden per E-Mail von relevanten Unterlagen im Intranet unterrichtet. Die volle Partizipation der Mitarbeiter war somit gewährleistet und der Rücklauf auf die Veröffentli-

Feed-back der beteiligten Process-Owner

chungen sehr zufrieden stellend. So konnten u. a. falsche bzw. unvollständige Prozessbeschreibungen sofort von den Process-Ownern erkannt und die Fehler dem Projektteam mitgeteilt werden.

Nach Abschluss der Analyse wurden die Ergebnisse in einer Zwischenpräsentation den eingebundenen Personen aus Top- und Middle-Management vorgestellt.

Konzept

Die Konzeptphase teilt sich in Grob- und Feinkonzept und betrachtet die Ebenen Mensch, Organisation, Technologie und Integration.

Auf die Integration der betroffenen Ebenen wurde besonderer Wert gelegt

Besonders hervorzuheben ist die spezielle Betrachtung der Integration als vierte Ebene. Diese Vorgehensweise wurde gewählt, da in vergleichbaren Projekten bezüglich einzelner Komponenten (Technologie, Organisation und Mitarbeiter) bereits erstaunliche Erfolge verzeichnet werden konnten, oft allerdings eine wirkliche Integration dieser klassischen Ebenen nicht erreicht wurde.

Im Grobkonzept hat das Projekt-Team ein globales Maßnahmen-Paket entwickelt, das in bestimmten Bereichen über die realisierbaren Annahmen hinausging. Das Grob-Konzept wurde wichtigen Entscheidungsträgern und am Projekt interessierten Mitarbeitern vorgestellt und ausgiebig diskutiert. Die regelmäßig stattfindenden Präsentationen wurden bewusst als Mittel eingesetzt, um eine breite Basis zur späteren Durchsetzung der Maßnahmen zu schaffen.

Auf Grundlage der Diskussion entwickelte das Projekt-Team innerhalb von zwei Wochen ein dreidimensionales Feinkonzept.

Die erste Dimension entspricht den bereits dargestellten Säulen des Wissensmanagements: Mitarbeiter, Organisation, Technologie und Integration.

Die Säulen des Wissensmanagements: Mitarbeiter, Organisation, Technologie und Integration

Die Unterscheidung zwischen allgemeinen und prozessorientierten Maßnahmen stellt die zweite Dimension dar. Maßnahmenbündel, basierend auf den vier Bereichen der ersten Dimension, wurden entweder speziell auf einige wertschöpfungsintensive Geschäftsprozesse bezogen oder übergreifend prozessunabhängig erarbeitet.

Als dritte Dimension bestimmte das Projekt-Team für jedes Maßnahmenbündel (allgemein bzw. prozessorientiert) die Reihenfolge in einem integrierten Wissensmanagement-Projekt, Zeitdauer und notwendige Ressourcen (Sach- und Finanzmittel).

So wurden beispielsweise für die Unterstützung des Geschäftsprozesses »Neuprodukteinführung« klar definierte Maßnahmen im Bereich Aufbau- und Ablauforganisation, Mitarbeitermotivation und Informationstechnologie zusammengestellt und die integrierte Einführung (Integration) der empfohlenen Maßnahmen durch einen Projektmanagement-Leitfaden unterstützt. In diesem Zusammenhang gab es u.a. Vorgaben bezüglich der Zeitdauer, der Kosten und der genauen Termine, zu denen betroffene Mitarbeiter in einem solchen Projekt zur Verfügung stehen müssten.

Zusätzlich wurde jedes Einzelprojekt in einen globalen Projektplan integriert, der ein umfassendes Wissensmanagement-System in das Unternehmen implementiert.

Integration aller Einzelprojekte in einen globalen Projektplan

Ergänzend zu allen Maßnahmen des Feinkonzeptes wurden technisch-organisatorische Probleme und psychologisch-soziale Barrieren betrachtet. Notwendige Minimalvoraussetzungen für die Implementierung der Maßnahmen sind ebenfalls Inhalt des Feinkonzeptes.

Umsetzung

Grundlage für die Umsetzung der Maßnahmen im Unternehmen stellt der globale Projektplan des Feinkonzeptes dar. Maßnahmenbündel, die vor allem aus prozessorientierten und kulturellen Maßnahmen bestehen, werden für die ersten Projektphasen vorgeschlagen, da sie Voraussetzung für folgende Realisierungen und in der Regel nur mittelfristig umsetzbar sind.

Die Einführung eines umfassenden Wissensmanagement-Systems in ganzer Breite kann nur selten innerhalb eines Projektes erreicht werden. Die organisatorischen, technischen und psychosozialen Probleme stellen meist ein unüberwindbares Hindernis dar.

Eine schrittweise Einführung ermöglicht kurzfristige Erfolge und motiviert so für weitere Schritte

Daher ist eine Einführung nach dem so genannten »Domino-Prinzip« vorzuziehen. Hier wird ein geeigneter Bereich ausgewählt, in dem die Einführung eines umfassenden Maßnahmenbündels Erfolg verspricht, und dieser begrenzte »Acker« nach den neuen (Wissensmanagement-)Methoden bestellt. Anhand der Erfolge innerhalb dieses Bereiches kann Schritt für Schritt die Einführung auf einer unternehmensweiten Basis erfolgen.

Vorteile dieser Methode liegen in der Überschaubarkeit der Implementierung, dem kalkulierbaren Aufwand und der Messbarkeit des Erfolges. Idealerweise sollte zunächst ein Bereich beziehungsweise Geschäftsprozess ausgewählt werden, der stark wissensbasiert ist und dessen Mitarbeiterstruktur die Durchführung eines innovativen Projektes unterstützt. Weiterhin lassen sich viele Mitarbeiter durch »Erfolgsmeldungen« eigener Kollegen besser von Sinn und Nutzen neuer Konzepte überzeugen als durch externe Berater.

Im Folgenden soll nur das IT-Konzept als Ergebnis des Projektes vorgestellt werden. Wie bereits erwähnt, enthält das gesamte Wissensmanagement-Konzept Maßnahmenbündel, die weit über eine ausschließlich technologische Lösung hinausgehen.

3.3 Intranetbasiertes Wissensmanagement – KNOWLEDGE CAFÉ

Das KNOWLEDGE CAFÉ ist direktes Ergebnis des oben beschriebenen Projektes und wurde auf der CEBIT '99 mit großem Erfolg vorgestellt.

Das System ist modular aufgebaut. Auf Grundlage eines Basismoduls (Glossar, Newsletter, komponentenübergreifende Such- und Hilfefunktionen) können verschiedene Komponenten (Yellow Pages, Knowledge Base, virtuelle Bibliothek, Diskussions- und Projektdatenbank) individuell eingesetzt werden.

Das KNOWLEDGE CAFÉ kann sowohl browserbasiert in beliebigen Intranets als auch auf Basis der Softwareplattform LOTUS NOTES eingesetzt werden.

Der Zugriff auf alle Inhalte der Module des KNOWLEDGE CAFÉS einschließlich der eingebundenen Dokumente wird über Hyperlink-Strukturen und mit bedienerfreundlichen, kontextsensitiven, volltext- bzw. schlagwortindizierten Suchmaschinen realisiert. Alle Dokumente werden auf Grundlage des Glossars verschlagwortet.

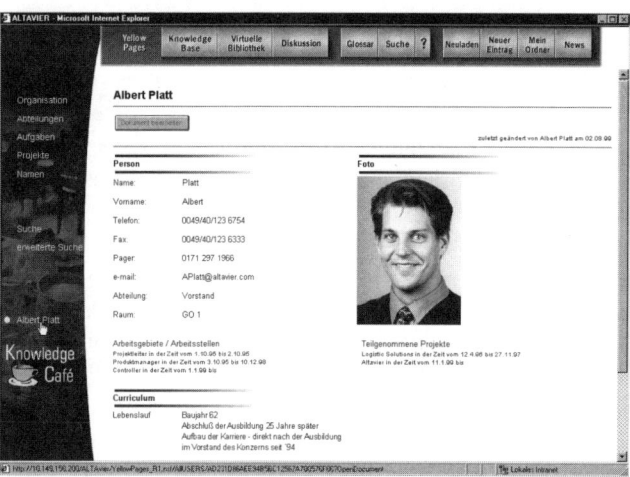

Abb. 3.2: Yellow Pages/Modul des KNOWLEDGE CAFÉS

YELLOW PAGES – MITARBEITERPOOL MIT KOMPETENZEN, PROJEKTERFAHRUNGEN UND ARBEITSSCHWERPUNKTEN

Die YELLOW PAGES schlüsseln Kompetenzen auf

Der Zugriff auf vorhandenes Wissen im Unternehmen stellt sich oft als schwierig heraus, da entsprechende Kompetenzen von Mitarbeitern über die Grenzen von Bereichen und Abteilungen hinaus nicht bekannt sind. Falls die richtigen Ansprechpartner für Fragen und Probleme gesucht oder ein Projektteam zusammengestellt werden soll, das den Anforderungen der zu lösenden Aufgaben ideal entspricht, helfen die YELLOW PAGES weiter.

KNOWLEDGE BASE – THEMENGESTEUERTER INFORMATIONSPOOL

Individuelles Wissen wird allen zur Verfügung gestellt

Mitarbeiter sammeln Erfahrungen, fertigen Berichte an, entwerfen Konzepte und sichern mit dieser und anderer Arbeit den Erfolg des Unternehmens. Das Intranet kann sehr hilfreich sein, um Erfahrungen, Meinungen und Dokumente zu relevanten Themen vielen Mitarbeitern zugänglich zu machen. Die KNOWLEDGE BASE ermöglicht Mitarbeitern die einfache Veröffentlichung von Dokumenten bezüglich relevanter Themen. Hier kann Wissen allen Mitarbeitern bzw. speziellen Gruppen zur Verfügung gestellt werden.

Bisher nicht bekanntes Wissen wird verteilt und auf breiter Basis genutzt. Doppelarbeit wird reduziert, und Erfahrungen, die bereits gemacht wurden, helfen anderen Mitarbeitern, ihre Aufgaben schneller und besser zu bearbeiten.

Die KNOWLEDGE BASE unterstützt Nutzung, Verbreitung und Erzeugung von Kompetenzen im Unternehmen. Sie stellt eine technologische Grundlage für eine themenbezogene Diskussion zur Verfügung.

Die Veröffentlichung von Dokumenten und der Zugriff auf unterschiedliche Inhalte sind sehr einfach und durch ein Berechtigungskonzept geregelt. So können zum Beispiel Mitarbeiter einer Projektgruppe exklusiven Zugriff auf projektinterne Dokumente bekommen.

Die Dokumente werden auf Grundlage des Glossars verschlagwortet. Es lassen sich Dokumente anderer Dateiformate (zum Beispiel LOTUS SMART SUITE, ACROBAT PDF-DATEIEN, MS WORD etc.) einbinden.

VIRTUELLE BIBLIOTHEK – DOKUMENTENMANAGEMENT, VERÖFFENTLICHUNGEN IM INTRANET

Obwohl in Unternehmen eine Vielzahl von Dokumenten existiert, haben die Mitarbeiter oft keine Kenntnis und entsprechend keinen Zugriff auf vorhandene Bücher, Fachzeitschriften, Veröffentlichungen und andere relevante Unterlagen. In der VIRTUELLEN BIBLIOTHEK können Mitarbeiter einfach und effizient nach Unterlagen suchen, sie entweder direkt in digitaler Form erhalten oder den Standort des Dokuments erfahren.

Im Gegensatz zur KNOWLEDGE BASE veröffentlichen in der VIRTUELLEN BIBLIOTHEK nur wenige verantwortliche Personen Inhalte, auf die alle Mitarbeiter bzw. bestimmte Gruppen von Mitarbeitern Zugriff haben. Grundlage für den Zugriff auf diese Dokumente im Intranet ist ein Berechtigungssystem, das unerlaubte Einsicht in entsprechende Unterlagen verhindert.

Ein Berechtigungssystem verhindert unerlaubte Einsicht in entsprechende Unterlagen

DISKUSSIONSGRUPPEN – EXPERTENKREISE IM INTRANET

Innerhalb dieses Moduls können Mitarbeiter themenbezogen diskutieren. Themenkreise, Diskussionsbeiträge und Antworten auf spezielle Beiträge können, in bis zu 17 Ebenen gestaffelt, bedienerfreundlich über den Browser angelegt werden.

Unternehmensweiter Austausch

Mit Hilfe dieses Moduls können sich elektronisch unterstützte Expertenkreise bilden, von deren inhaltlicher Diskussion auch andere Mitarbeiter profitieren, die Fragen bezüglich bestimmter Themen haben.

Der Aufbau einer aktiven Diskussion zu bestimmten Themen kann somit vom Unternehmen aktiv gesteuert und gefördert werden.

PROJEKTDATENBANK – WISSENSBASIERTES PROJEKTMANAGEMENT

Die zweigeteilte Datenbank unterscheidet einen öffentlichen und einen internen Projekt-Bereich. Im öffentlichen Bereich werden die Projekte allgemein beschrieben und ausgewählte Dokumente (Präsentationen, Abschlussberichte etc.) vielen Mitarbeitern zur Verfügung gestellt. Im ausschließlich Projektmitgliedern vorbehaltenen internen Bereich wird das Projekt organisiert, werden alle Dokumente abgelegt, Per-

Öffentlicher und interner Projektbereich

sonen, Termine und Ressourcen des Projektes koordiniert und die Projektkommunikation unterstützt.

Projektergebnisse und -erfahrungen werden allen Mitarbeitern zugänglich

Vorteile der Projektdatenbank liegen vor allem in der Veröffentlichung von Projektergebnissen und Lösungsalternativen auf Basis des Intranets. Somit können Mitarbeiter, die ähnliche Probleme in anderen Projekten haben, auf bereits vorhandene Erfahrungen zurückgreifen. Ebenfalls ist es leicht, Kollegen zu finden, die sich mit bestimmten Problemen beschäftigt haben, und diese persönlich anzusprechen.

Die Entwicklung vom Prototyp zum marktfähigen Produkt hat die ALTAVIER INFORMATIONSSYSTEME UND CONSULTING GMBH/ BERLIN *(www.altavier.de)* übernommen. Momentan wird das KNOWLEDGE CAFÉ bereits bei Kunden eingeführt und mit weiteren Funktionalitäten ausgestattet.

TEIL D DER SERVICE

1 DIE CHECKLISTEN

1.1 Erste Schritte und Fragen

- Festlegen von Begriffen und Kommunizieren des Wissens-
management an die Beteiligten
- Rasches Einbinden des Vorstands
- Wissensprojekte feststellen und Pilotbereich auswählen
- Aufbau von Wissensprojekten – analog zur Produktentwicklung
- Vereinheitlichen der DV-Landschaft (Datenverarbeitung)
- Einleiten eines Kulturwandels
- Einführen und Pflegen von »Gelben Seiten« im Intranet
- Stärkeres Kanalisieren von Informationen und Wissen
- Aktives Fördern von Feed-back

Fragen für das erste Vorgehen

- Wie lauten die strategischen Ziele des Unternehmens?
- Was sind die Kernprozesse in diesen Projekten?
- Welche Wissensprojekte bestehen bereits?
- In welchen Bereichen sollte ein Wissensprojekt starten?
- Welche Kernprozesse gibt es in diesen Bereichen?
- Wer sind die Wissensträger? Wer soll eingebunden sein?
- Wie soll benötigtes Wissen beschafft werden?
- Gibt es genügend Freiräume für Experimente?
- Wie kann Wissen überschneidungs- und doppelungsfrei, wieder
auffindbar und zugänglich gespeichert werden?
- Wie kann das Wissen transferiert werden? Wer kann den Transfer
unterstützen? Welche Wissensbarrieren gibt es? Wie können diese
beseitigt werden?
- Wie soll Wissen angewendet werden?
- Wie wird der Erfolg von Wissensmanagement gemessen?
Können Abweichungen erklärt werden?
- Wie kann Wissensmanagement ganzheitlich organisatorisch
verankert werden?

STRUKTURIERUNG BESTEHENDER/NEUER WISSENSMANAGEMENT-PROJEKTE

Wissensmanage-ment-Projekte	Ziel/ Inhalt	Verantwort-licher	Beteiligter Bereich	Priorität

1.2 Die vier Schritte zu einem wissensbasierten Managementsystem

VISION UND KON-ZEPT FÜR EIN WERT-GETRIEBENES WIS-SENSMANAGEMENT	AUSGANGSSITUA-TION DARSTELLEN	LÜCKE ZWISCHEN HEUTE UND MORGEN SCHLIESSEN	INTEGRATION IN EIN WERTORIEN-TIERTES WISSENS-MANAGEMENT
Gemeinsame Definitionen finden	Existierende Wissensmanagement-Initiativen abbilden	Auswahl und Integration bestehender Prozesse	Unternehmenswei-te Einführung eines wissensorientiertes Managements
Wissensgebiete mit hohem Werteinfluss priorisieren	Vorherrschende Wissenskultur analysieren	Integration neuer Wissensmanage-ment-Projekte	Aktive Unter-stützung einer Wissenskultur
Vision für Wis-sens-management erarbeiten	Vorhandene IT-Strukturen und andere Infrastruk-turen darstellen	Wissensaustausch als kultureller Imperativ	Verstärkte Inno-vation durch Umsetzung von Wissensprozessen
Prinzipien für eine wissensbasierte Unternehmens-kultur definieren		»Quick Wins« realisieren	Unternehmens-weite Infrastruk-tur für Wissens-management
Design einer wissensbasierten Infrastruktur			
Messgrößen erarbeiten			

nach ARTHUR D. LITTLE, UNTERNEHMENSBERATUNG

1.3 Wichtige Hinweise für erfolgreiches Wissensmanagement

- Wissen entsteht und befindet sich in den Köpfen von Individuen. Der Mitarbeiter steht im Mittelpunkt des Wissensmanagements. Das Gestalten von Wissen muss daher bei ihm beginnen und seine Arbeitsweise und Informationsbedürfnisse berücksichtigen. Wo dies nicht geschieht, bleibt Wissensmanagement hinter seinen Möglichkeiten zurück. Stattdessen wird Wissensmanagement als Prozess, als Technik verstanden, aber Mitarbeiter funktionieren nun einmal nicht wie eine Maschine – auf Knopfdruck und immer in der gewünschten Art und Weise. Und das ist gut so!

- Eine wichtige Voraussetzung für eine gemeinsame Wissensnutzung ist Vertrauen.

- Bedeutung des Wissens als Werttreiber im Unternehmen beachten.

- Wissensinhalte müssen die Kernkompetenzen ausbauen.

- Wissensportfolio zukunftsorientiert gestalten.

- Relevantes Wissen ist direkt mit der Strategie verbunden.

- Gemeinsame Wissensnutzung muss ausdrücklich gefördert und belohnt werden.

- Jeder Mitarbeiter muss den Nutzen kennen, den Wissensmanagement bringt – für die eigene Person und die Organisation. Nur dann wird er Wissensmanagement unterstützen.

- In großen Unternehmen sollten die Projekte eher überschaubar und realisierbar gehalten werden, nach dem Motto: »Think big – act small«.

- Prozesse und Inhalte sowie Strukturen sollten im Vordergrund stehen, Informationstechnologie und -systeme sollten vor allem als Instrumente betrachtet werden, die nicht im Mittelpunkt stehen dürfen.

- Wissensmanagement ist nicht eine neue Methode, die sich ein Unternehmen überstülpt. Standardrezepte gibt es nicht. Jedes Unternehmen hat seine eigene Geschichte, seine Mitarbeiter, seine Fähigkeiten, Kenntnisse, seine Kultur und Organisation. All dies muss beim Management von Wissen berücksichtigt werden. In keinem Unternehmen sieht Wissensmanagement so aus wie in einem anderen.

- Wissensmanagement ist eine Aufgabe für das gesamte Unternehmen – nur eine gute Zusammenarbeit vieler Gruppen kann zum Erfolg führen. Das bedeutet die Zusammenarbeit in einer hierarchischen Linie, aber auch zwischen den Abteilungen eines Unternehmens.

- Für das Wissensmanagement gibt es einen Verantwortlichen, der als treibende Kraft wirkt. Dieser verfügt über genügend Ressourcen, um das Thema professionell zu betreiben. Die Führung erfolgt sichtbar und deutlich. Erfolge werden früh gezeigt, um Widerstände zu überwinden und Energie freizusetzen.

- Die Instrumente des Wissensmanagements, wie zum Beispiel ein Wissens-branchenbuch und ein Intranet, müssen sehr anwendungsorientiert und kunden-freundlich sein. Nur wenn der Nutzer sich orientieren und das finden kann, was er sucht, wird er die Instrumente nutzen.

1.4 Häufigste Fehler und Barrieren

- Mangelnde Unterstützung durch das Top-Management. Die Verantwortlichen oder Auftraggeber haben nur wenig Zeit, neben dem Tagesgeschäft ein auf-wändiges Projekt verantwortungsvoll zu begleiten.
- Häufig ist nicht bewusst, dass es erforderlich ist, dass sich die Beteiligten in ein neues, komplexes Thema einarbeiten müssen, das Systeme, Prozesse und Kultur umfasst.
- Zu starke Technikorientierung: Wissensmanagement wird als IT-Aufgabe (Informationstechnologie) gesehen und nicht als Führungsprozess, der auch Verhalten, Prozesse und Strukturen im Unternehmen betrifft.
- Wissenshemmende oder -feindliche Führungskultur.
- Das Gestalten von Wissen wird in vielen Unternehmen nicht als bewusster, systematischer und geordneter Prozess betrieben.
- Der Umgang mit Wissen ist nicht bedeutsam für die Karriereentwicklung. Wissensziele werden nicht in den Führungsinstrumenten und Zielvereinbarun-gen berücksichtigt. Keine Aufwandsvergütung; kaum Anreize für besondere Leistungen.
- Zu wenig Marketing für Idee, Nutzen und Anwendung von Wissensmanagement. Kein Messen und Belohnen von Fortschritten im Wissensmanagement und kein Verdeutlichen von dessen Nutzen. Doch wo kein Nutzen, da keine Nutzung.
- Keine Transparenz über die Wissensbedürfnisse. Verantwortlichkeiten sind nicht geregelt; keiner fühlt sich zuständig oder mehrere sind gleichzeitig ver-antwortlich.
- Bürokratische Organisationsstrukturen, eine aufgeblähte Hierarchie, eine hohe Arbeitsteiligkeit, weitgehende Fremdkontrolle.
- Ressourcen (Zeit, Geld, Personal) reichen nicht aus, um die ehrgeizigen Ziele zu erreichen; Verantwortliche sollen handeln und wirken, aber möglichst keine Kosten verursachen.

- Kurzfristiges Kostendenken überlagert die langfristig anvisierten Einsparungen, die durch optimierte Abläufe entstehen sollen.
- Es fehlt die Erfahrung mit solchen Prozessen, Entscheidungen sind ungewohnt und die Auswirkungen haben eine neue Qualität. Mangelnder Austausch mit Personen im Unternehmen, die erfahren im Wissensmanagement sind.
- Fahrlässiger Umgang in Fragen des Datenschutzes.
- Die Mitarbeiter sind unzufrieden durch die zusätzliche Belastung. Sie sind überfordert, weil sie nicht wissen, was noch alles auf sie zukommt und wie sie den Veränderungsdruck bewältigen können.
- Informationen für die Konkurrenz (und für Headhunter) sickern durch.

1.5 Nutzen von Wissensmanagement

Professor Klaus North befragte 30 Unternehmen, von denen er wusste, dass sie sich mit Wissensmanagement beschäftigen: *»Auch wenn einige Unternehmen über Unzulänglichkeiten berichten, so ist doch der Grundtenor ausnahmslos positiv: Keines der befragten Unternehmen bereut die Beschäftigung mit Wissensmanagement oder hat diese gar eingestellt. Ganz im Gegenteil besteht Einigkeit darüber, dass Wissensmanagement wieder vorangetrieben werden muss, da der zukünftige Unternehmenserfolg sehr stark davon abhänge, wie effizient die Ressource Wissen bewirtschaftet werde.«*

Konkret bietet professionelles Wissensmanagement folgenden Nutzen:

- Schneller Zugriff auf interne und externe Informations- und Wissensquellen.
- Reduzierung des Zeitaufwandes bei der Suche nach Informationen.
- Produktivitätssteigerung durch direkten Zugriff auf Informationen durch alle Mitarbeiter.
- Vermeidung von Redundanzen, das heißt mehrfach ausgeführten Arbeiten.
- Kontinuierlichere und schnellere Arbeitsabläufe durch ständigen Informationszugang.
- Reduzierung und Ausschaltung von Informations-Übertragungsfehlern.
- Förderung von Kommunikations- und Kooperationsbereitschaft sowie der Teamentwicklung.
- Unterstützung einer schnelleren, kostengünstigeren und wirksameren Entscheidungsfindung.
- Schnelle und zuverlässige Vermittlung kompetenter Ansprechpartner.

- Reduzierung des Papierumlaufs und damit auch Einsparung beim Papierverbrauch.
- Intensivere Kundenbindung.
- Innovationszuwachs und damit bessere Wettbewerbschancen.
- Effizientere Nutzung bereits vorhandener bzw. neu implementierter Informations-technologie.
- Möglichkeit der Kommunikation zwischen verschiedenen Systemumgebungen durch Internet-Technologie.

Das FRAUNHOFER-INSTITUT FÜR PRODUKTIONSANLAGEN UND KONSTRUKTIONSTECHNIK hat 1998 die Top 1000 der deutschen Unternehmen und die europäischen Top 200 befragt. Von den 146 Unternehmen, die geantwortet haben, geben als Verbes-serungen durch Wissensmanagement an:

1. Kosten- und Zeiteinsparungen (fast die Hälfte)
2. Prozessverbesserungen
3. Transparenz von Strukturen und Prozessen (etwa ein Drittel)
4. Kundenorientierung und -zufriedenheit
5. Verbesserung von Entscheidungen und Prognosen
6. Verbesserung des Informationsaustauschs
7. Qualitätsverbesserungen
8. Erfolg, Marktführerschaft
9. Mitarbeiterqualifikation und -zufriedenheit
10. »Kann noch nicht festgestellt werden« gaben weniger als zehn Prozent an.

2 WICHTIGE ADRESSEN

2.1 Internet

Viele Tipps aus dem Internet finden Sie auf der Homepage des Autors: *www.dieter-herbst.de* und *www.2source1.net*

Meine Top-Seiten:

http://www.symposion.de/wissen/

http://www.mwonline.de

3 L<small>ITERATURTIPPS</small>

3.1 Wissensmanagement

- Davenport, Th. H., u. Prusak, L.: »Wenn Ihr Unternehmen wüsste, was es alles weiß. Das Praxisbuch zum Wissensmanagement«, Landsberg 1998 *(praxisnahes Buch mit vielen Beispielen; interessant ist das Übertragen von Marktverhältnissen auf das Wissensmanagement)*
- Kaplan, R. S., u. Norton, D. P.: »Balanced Scorecard«, Stuttgart 1997 *(Klassiker für alle, die sich näher mit diesem neuen Instrument beschäftigen wollen)*
- Krüger, W., u. Homp, Christian: »Kernkompetenz – Management«, Wiesbaden 1997 *(bietet viele interessante Verknüpfungen mit dem Thema Wissensmanagement)*
- Nonaka, I., u. Takeuchi, H.: »Die Organisation des Wissens«, Frankfurt/New York, 1997 *(die beiden Professoren konzentrieren sich in ihrem Buch auf die Wissensschaffung und die Bedeutung von implizitem und explizitem Wissen, die Praxisbeispiele kommen aus japanischen Unternehmen)*
- North, K.: »Wissensorientierte Unternehmensführung. Wertschöpfung durch Wissen«, Wiesbaden 1998 *(viele konkrete Hinweise für die Gestaltung des Managementprozesses)*
- Probst, G., u. Raub, S., u. Romhardt, K.: »Wissen managen – Wie Unternehmen ihre wertvollste Ressource optimal nutzen«, Frankfurt 1997 *(»Klassiker«; sehr zu empfehlen)*
- Stewart, Th. A.: »Der vierte Produktionsfaktor. Wachstum und Wettbewerbsvorteile durch Wissensmanagement«, München, Wien 1998 *(Schwerpunkte des Buches sind das »Intellektuelle Kapital« und seine Auswirkungen auf die Vermögenswerte des Unternehmens)*
- Sveiby, Karl Erik: »Wissenskapital – das unentdeckte Vermögen«, Landsberg 1998 *(sehr praxisnah, gut zu lesen)*

L<small>ERNENDE</small> O<small>RGANISATION</small>
- Argyris, Ch.: »Wissen in Aktion. Eine Fallstudie zur lernenden Organisation«, Stuttgart 1997 *(»Vater« der Lernenden Organisation. Das Buch gibt gute Tipps, wie sich Lernen im Unternehmen fördern und wie sich Lernbarrieren überwinden lassen)*
- Senge, P.: »Die fünfte Disziplin«, Stuttgart 1997 *(umfassende, systematische Betrachtung von Unternehmen. Obwohl der Begriff »Wissen« nur einige Male auftaucht, vermittelt das Buch wichtige Anregungen bei der Beschäftigung mit dem Thema)*

3.2 Arbeitstechniken

K<small>REATIVITÄT</small>
- Pink, R.: »Wege aus der Routine: Kreativitätstechniken für Beruf und Alltag«, Deutscher Sparkassenverlag 1996 *(guter Einstieg ins Thema)*
- Busch, B.: »Erfolg durch neue Ideen«, Berlin 1999
- Schlicksupp, H.: »Innovation, Kreativität und Ideenfindung«, Würzburg 1992

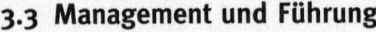

3.3 Management und Führung

- Birker, K.: »Betriebliche Kommunikation«, Berlin 1998 *(praxisorientierte Einführung in die Methoden der Mitarbeiterkommunikation und Gesprächsführung. Anschaulich werden Themen wie Kommunikation und Führung, Mitarbeitergespräche und Teamleitung erläutert.)*
- Knebel, H., u. Schneider, H.: »Führungsgrundsätze. Leitlinien für die Einführung und praktische Umsetzung«, Heidelberg 1994
- Riekhof, H.-C. (Hrsg): »Strategien der Personalentwicklung«, Wiesbaden 1992 *(viele interessante Beispiele u. a. von OPEL, ESSO, OTTO VERSAND, BEIERSDORF, DRÄGERWERKE, MATSUSHITA)*

CORPORATE IDENTITY

- Herbst, D.: »Corporate Identity«, Berlin 1998
- Keller, I.: »Das CI-Dilemma«, Wiesbaden 1993 *(ganzheitliche Sicht von CI, viele Praxistipps für die Gestaltung)*
- Kreutzer, R./Jugel, S., und Wiedmann, K.-P.: »Unternehmensphilosophie und Corporate Identity«, Arbeitspapier Nr. 40. Institut für Marketing. Universität Mannheim 1986

UNTERNEHMENSKULTUR

- Bromann, P., u. Piwinger, M.: »Gestaltung der Unternehmenskultur. Strategie und Kommunikation«, Stuttgart 1992 *(Zwei Praktiker schreiben über Unternehmenskultur und Kommunikation mit wissenschaftlichem Hintergrund und kritischer Betrachtungsweise. Fallbeispiel: VORWERK)*
- Neuberger, O./Kompa, A.: »Wir, die Firma. Der Kult um die Unternehmenskultur«, Weinheim/Basel 1987
- Wever, U., u. Besig, H.-M.: »Unternehmenskommunikation als Lernprozess. Dem Erfolg auf der Spur. Das Beispiel der Hypo-Bank«, Frankfurt/New York 1995 *(interessante und detaillierte Darstellung eines Fallbeispiels durch Praktiker)*

CHANGE MANAGEMENT

- Doppler, K. u. Lautenburg, C.: »Change Management«, Frankfurt/New York, 1994 *(praxisnaher Handwerkskasten für Veränderungsprozesse in Organisationen)*
- Mohr, N.: »Kommunikation und organisatorischer Wandel. Ein Ansatz für ein effizientes Kommunikationsmanagement im Veränderungsprozess«, Wiesbaden 1997 *(Das Buch zeigt die Bedeutung der Kommunikation für Veränderungsprozesse in Unternehmen auf. Theoretischer Ansatz mit Befragungen von Vorständen und Betriebsräten.)*
- Scott-Morgan, P., Arthur D. Little.: »Die heimlichen Spielregeln. Die Macht der ungeschriebenen Gesetze im Unternehmen«, Frankfurt/New York 1994

PROJEKTMANAGEMENT

- Birker, K.: »Projektmanagement«, Berlin 1995
- Daenzer, W. (Hrsg): »Systems Engeneering«, Zürich 1992
- Platz, J., u. Schmelzer, H.: »Projektmanagement in der industriellen Forschung und Entwicklung«, Berlin 1986

Das professionelle 1 x 1

Dieter Herbst
PUBLIC RELATIONS
1997. 180 Seiten.
Kartoniert. Mit teils
farbigen Beispielen
24,80 DM
ISBN 3-464-49031-9

Dieter Herbst
CORPORATE IDENTITY
1998. 176 Seiten.
Kartoniert. Mit teils
farbigen Beispielen
24,80 DM
ISBN 3-464-49032-7

Mike Barowski
TEXTGESTALTUNG
1997. 176 Seiten.
Kartoniert. Mit zahl-
reichen teils farbigen
Beispielen. 24,80 DM
ISBN 3-464-49033-5

R. Llewellyn · A. Staar
**ERFOLGREICH
SELBSTSTÄNDIG**
1997. 184 Seiten.
Kartoniert.
24,80 DM
ISBN 3-464-49029-

Joachim W. Steuck
**GESCHÄFTSERFOLG
IM INTERNET**
1998. 176 Seiten.
Kartoniert.
24,80 DM
ISBN 3-464-49015-7

Jörg Brandt u.a.
**AKTIV VERKAUFEN –
BESSER VERKAUFEN**
1998. 180 Seiten. Kar-
toniert. Mit zahlreichen
Beispielen. 24,80 DM
ISBN 3-464-49036-

Klaus Schwantes
ZEITARBEIT
1998. 172 Seiten.
Kartoniert.
24,80 DM
ISBN 3-464-49042-4

Burkhard G. Busch
**AKTIVE
KUNDENBINDUNG**
1998. 176 Seiten.
Kartoniert.
24,80 DM
ISBN 3-464-49041-6

Franz-J. Kneider
**SICHER AUF DEN
EURO UMSTELLEN**
1999. 160 Seiten.
Kartoniert.
24,80 DM
ISBN 3-464-49024-6

Andreas Lenzen
**PRÄSENTIEREN –
MODERIEREN**
1999. 176 Seiten.
Kartoniert.
24,80 DM
ISBN 3-464-49046-7

Erhard Schätzlein
Ines Rothe
**KUNDENORIENTIERT
KORRESPONDIEREN**
1999. 192 Seiten.
Kartoniert. 24,80 DM
ISBN 3-464-49045-9

Burkhard G. Busch
**ERFOLG DURCH
NEUE IDEEN**
1999. 208 Seiten.
Kartoniert.
29,80 DM
ISBN 3-464-49023-8

Brockhagen/Kowitz
TELEARBEIT
1999. 176 Seiten.
Kartoniert.
24,80 DM
ISBN 3-464-49025-4

Dieter Herbst
**INTERNE
KOMMUNIKATION**
1999. 176 Seiten.
Kartoniert.
24,80 DM
ISBN 3-464-49038-6

Hans-Michael Klein
**KUNDENORIENTIERT
TELEFONIEREN**
1999. 176 Seiten.
Kartoniert.
24,80 DM
ISBN 3-464-49021-1

Joachim Steuck
BUSINESS PLAN
1999. 176 Seiten.
Kartoniert.
24,80 DM
ISBN 3-464-49028-9

Burkhard G. Busch
**ERFOLG MIT MITAR-
BEITERN IN KLEINEREN
UNTERNEHMEN**
2000. 176 Seiten.
Kartoniert. 24,80 DM
ISBN 3-464-49044-0

Mike Barowski
Achim Müller
ONLINE-MARKETING
2000. 176 Seiten.
Kartoniert.
24,80 DM
ISBN 3-464-49071-8